Suhrkamp BasisBiblioth

GW00732906

Diese Ausgabe der »Suhrkamp BasisBibliothek – Arbeitstexte für Schule und Studium« bietet nicht nur Ödön von Horváths berühmtes Volksstück *Geschichten aus dem Wiener Wald*, sondern auch einen Kommentar, der alle für das Verständnis des Buches erforderlichen Informationen enthält: eine Zeittafel zu Leben und Werk des Autors, ausführliche Hinweise zu den historisch-politischen und ästhetischen Voraussetzungen, die Entstehungsgeschichte und zeitgenössische Rezeption, einen Forschungsüberblick, Literaturhinweise sowie detaillierte Wort- und Sacherläuterungen. Der Kommentar ist entsprechend den neuen Rechtschreibregeln verfasst.

Dieter Wöhrle, geboren 1954, lebt und arbeitet in Allensbach. Im Mittelpunkt seiner Publikationen zu Bertolt Brecht (SBB 1) und Karl Valentin steht deren produktiver Umgang mit den verschiedenen Medien.

Ödön von Horváth
Geschichten aus dem Wiener Wald

Volksstück in drei Teilen

Mit einem Kommentar
von Dieter Wöhrle

Suhrkamp

Der vorliegende Text folgt der Ausgabe: Ödön von Horváth, *Geschichten aus dem Wiener Wald*, in: Ödön von Horváth, *Gesammelte Werke. Kommentierte Werkausgabe in Einzelbänden*. Herausgegeben von Traugott Krischke unter Mitarbeit von Susanna Foral-Krischke, Band 4. Frankfurt/M.: Suhrkamp Verlag 1986 (= suhrkamp taschenbuch 1054), S. 101–207.

Originalausgabe
Suhrkamp BasisBibliothek 26
Erste Auflage 2001

Satz: pagina GmbH, Tübingen
Druck: Ebner Ulm
Umschlaggestaltung: Hermann Michels
Printed in Germany

1 2 3 4 5 6 – 06 05 04 03 02 01

Inhalt

Geschichten aus dem Wiener Wald

⌐Volksstück⌐ *in drei Teilen*

> Nichts gibt so sehr das Gefühl der
> Unendlichkeit als wie die ⌐Dummheit⌐

Personen: Alfred · Die Mutter · Die Großmutter · Der Hierlinger Ferdinand · Valerie · Oskar · Ida · Havlitschek · Rittmeister · Eine gnädige Frau · Marianne · Zauberkönig ·
Zwei Tanten · Erich · Emma · Helene · Der Dienstbot ·
Baronin · Beichtvater · Der Mister · Der Conferencier.   5

Gemeint ist die   Das Stück spielt in unseren Tagen*, und zwar in Wien, im
Zeit 1930/31.   ⌈Wiener Wald⌉ und draußen in der ⌈Wachau⌉.

Erster Teil

I
⌐Draußen in der Wachau¬

⌐Vor einem Häuschen¬ *am Fuße einer* ⌐Burgruine¬. *Alfred*
5 *sitzt im Freien und verzehrt mit gesegnetem Appetit Brot,*
Butter und sauere Milch* – *seine Mutter bringt ihm gerade*   Dickmilch
ein schärferes Messer.
In der Luft ist ein ⌐Klingen und Singen¬ – *als verklänge*
irgendwo immer wieder der ⌐Walzer *»Geschichten aus dem*
10 *Wiener Wald«* ¬ *von* ⌐Johann Strauß¬.
Und in der Nähe fließt die ⌐schöne blaue Donau¬.

DIE MUTTER *sieht Alfred zu – plötzlich ergreift sie seine*
Hand, in der er das Messer hält, und schaut ihm tief in
die Augen.
15 ALFRED *stockt und starrt sie mit vollem Munde mißtrau-*
isch an.
⌐Stille¬.
DIE MUTTER *streicht ihm langsam über das Haar:* Das ist
schön von dir, mein lieber Alfred – daß du nämlich deine
20 liebe Mutter nicht total vergessen hast, lieber Alfred –
ALFRED Aber wieso denn total vergessen? Ich wär ja
schon längst immer wieder herausgekommen, wenn ich
nur dazu gekommen wär – aber heutzutag kommt doch
schon keiner mehr dazu, vor lauter ⌐Krise und Wirbel¬!
25 Wenn mich jetzt mein Freund, der ⌐Hierlinger Ferdi-
nand¬, nicht mitgenommen hätt mit seinem Kabriolett*,   (österr.) Auto
wer weiß, wann wir uns wiedergesehen hätten!   mit zurück-
DIE MUTTER Das ist sehr aufmerksam von deinem Freund, klappbarem
dem ⌐Herrn von Hierlinger¬.   Stoffverdeck
30 ALFRED Er ist überhaupt ein reizender Mensch. In einer
guten halben Stund holt er mich wieder ab.

DIE MUTTER Schon?

ALFRED Leider!

DIE MUTTER Dann iß bitte nicht die ganze sauere Milch
zusammen, ich hab sonst nichts da zum Antragen* –

ALFRED Der Hierlinger Ferdinand darf ja gar keine sauere
Milch essen, weil er eine chronische Nikotinvergiftung
hat. Er ist ein hochanständiger Kaufmann. Ich hab öfters mit ihm zu tun.

DIE MUTTER Geschäftlich?

ALFRED Auch das.

Stille.

DIE MUTTER Bist du noch bei der Bank?

ALFRED Nein.

DIE MUTTER Sondern?

Stille.

ALFRED ⌐Ich taug nicht zum Beamten⌐, das bietet nämlich
keine Entfaltungsmöglichkeiten. Die Arbeit im alten
Sinne rentiert sich nicht mehr. Wer heutzutag vorwärts-
kommen will, muß mit der Arbeit der anderen arbeiten.
Ich hab mich selbständig gemacht. Finanzierungsge-
schäfte und so – *Er verschluckt sich und hustet stark.*

DIE MUTTER *klopft ihm auf den Rücken:* Schmeckts?

ALFRED Jetzt wär ich aber fast erstickt.

DIE MUTTER Ich freu mich nur, daß es dir schmeckt.

Stille.

ALFRED Apropos ersticken: wo steckt denn die liebe
Großmutter?

DIE MUTTER Mir scheint, sie sitzt in der Küch und betet.

ALFRED Betet?

DIE MUTTER Sie leidet halt an Angst.

ALFRED Angst?

Stille.

DIE MUTTER Vergiß ihr nur ja nicht zu gratulieren – nächsten Monat wird sie achtzig, und wenn du ihr nicht gra-
tulierst, dann haben wir hier wieder die ⌐Höll auf Er-
den⌐. Du bist doch ihr Liebling.

(österr.)
veraltet für:
»servieren«,
»zum Essen
auftragen«

ALFRED Ich werds mir notieren. *Er notiert es sich.* Großmutter gratulieren. Achtzig. *Er erhebt sich, da er nun
satt ist.* Das ist ein biblisches Alter*. *Er sieht auf seine
Armbanduhr.* Ich glaub, es wird Zeit. Der Hierlinger

5   muß jeden Moment erscheinen. Es ist auch noch eine
Dame dabei.

DIE MUTTER Was ist das für eine Dame?

ALFRED Eine ältere Dame.

Stille.

10 DIE MUTTER Wie alt?

ALFRED So mittel.

DIE MUTTER Hat sie Geld?

ALFRED Ich hab nichts mit ihr zu tun.

Stille.

15 DIE MUTTER Eine reiche Partie* ist nicht das letzte. Du
hast halt die Richtige noch nicht gefunden.

ALFRED Möglich! Manchmal möcht ich ja schon so Kinder um mich herum haben, aber dann denk ich mir immer wieder: nein, es soll halt nicht sein –

20 ⌐DIE GROSSMUTTER⌐ *tritt mit ihrer Schale sauerer Milch
aus dem Häuschen:* Frieda! Frieda!

DIE MUTTER Na, wo brennts denn?

DIE GROSSMUTTER Wer hat mir denn da was von meiner
sauere Milch gestohlen?

25 DIE MUTTER Ich. Weil der liebe Alfred noch so einen starken Gusto* gehabt hat.

Stille.

DIE GROSSMUTTER Hat er gehabt? Hat er gehabt? – Und
da werd ich gar nicht gefragt? Als ob ich schon gar nicht

30 mehr da wär – *Zur Mutter.* ⌐Tät dir so passen!⌐

ALFRED ⌐Bäääh!⌐ *Er streckt ihr die Zunge heraus.*

Stille.

DIE GROSSMUTTER Bäääh! *Sie streckt ihm die Zunge heraus.*

35 *Stille.*

sehr hohes
Alter

Einen vermö-
genden
Ehepartner
heiraten

(österr.)
Appetit

DIE GROSSMUTTER *kreischt:* Jetzt möcht ich überhaupt keine Milch mehr haben! Da! *Sie schüttet die Schale aus.*

DER HIERLINGER FERDINAND *kommt mit Valerie, einer hergerichteten Fünfzigerin im Autodreß.*

ALFRED Darf ich bekanntmachen: das ist meine Mutter und das ist mein Freund Ferdinand Hierlinger – und Frau Valerie – und das dort ist meine liebe Großmutter –

DIE MUTTER Das ist sehr schön von Ihnen, Herr von Hierlinger, daß Sie mir den Alfred herausgebracht haben – ich danke Ihnen, danke –

DER HIERLINGER FERDINAND Aber ich bitte, meine Herrschaften! Das ist doch alles nur selbstverständlich! Ich hätt Ihnen ja den Alfred schon öfters herausgebracht – der liebe Alfred hätte ja nur ein Wörterl verlauten* dürfen.

DIE MUTTER Nur ein Wörterl?

DER HIERLINGER FERDINAND Wie gesagt – *Er stockt, da er merkt, daß er sich irgendwie verplappert hat.*
Peinliche Stille.

VALERIE Aber schön haben Sies hier heraußen –

DIE MUTTER Wollen die Herrschaften vielleicht mal auf den Turm?

DER HIERLINGER FERDINAND Auf was für einen Turm?

DIE MUTTER Auf unseren Turm da –

DER HIERLINGER FERDINAND Ich bitte, gehört denn da diese hochromantische Ruine den Herrschaften?

DIE MUTTER Nein, die gehört dem Staat. Wir verwalten sie nur. Wenn die Herrschaften wollen, führ ich die Herrschaften hinauf – nämlich dem Besteiger bietet sich droben eine prächtige Fernsicht und eine instruktive* Rundsicht.

DER HIERLINGER FERDINAND Aber gern, sehr gern! Zu charmant, gnädige Frau!

DIE MUTTER *lächelt verlegen:* Aber oh bitte! *Zu Valerie.* Die Dame kommen doch auch mit?

(österr.) einen Hinweis geben

aufschlussreiche

12   Geschichten aus dem Wiener Wald

VALERIE Danke, danke – es tut mir schrecklich leid, aber ich kann nicht so hoch hinauf, weil ich dann keine Luft krieg –

DIE MUTTER Also dann auf Wiedersehen! *Ab mit dem Hierlinger Ferdinand.*

VALERIE *zu Alfred:* Dürft ich mal den Herrn um eine kleine Information bitten?

ALFRED Was gibts denn?

DIE GROSSMUTTER *setzt sich an das Tischchen und horcht, hört aber nichts.*

VALERIE Du hast mich wieder mal betrogen.

ALFRED Sonst noch was gefällig?

VALERIE Der Hierlinger erzählt mir grad, daß beim letzten Rennen in Saint-Cloud* nicht die Quote* hundertachtundsechzig, sondern zweihundertzweiundzwanzig herausgelaufen worden ist –

ALFRED Der Hierlinger lügt.

VALERIE Und das Gedruckte da lügt auch? *Sie hält ihm eine Rennzeitung unter die Nase.*

Stille.

VALERIE *triumphierend:* Na?

ALFRED Nein, du bist halt keine richtige Frau. Du stoßt mich ja direkt von dir – mit derartigen Methoden –

VALERIE Du wirst mir jetzt das geben, was mir gebührt. Siebenundzwanzig ⌐Schilling⌐. S'il vous plaît!*

ALFRED *gibt ihr das Geld:* Voilà!*

VALERIE Merci! *Sie zählt nach.*

ALFRED Kleinliche Person.

VALERIE Ich bin keine Person! Und von heut ab bitte ich es mir aus, daß du mir immer eine schriftliche Quittung –

ALFRED *unterbricht sie:* Bild dir nur ja nichts ein, bitte!

Stille.

VALERIE Alfred, du sollst mich doch nicht immer betrügen –

ALFRED Und du sollst nicht immer so mißtrauisch zu mir

Pferderennbahn im westl. Vorortbereich von Paris

Gewinnanteil

(franz.) hier: Wenn's recht ist!

(franz.) hier: Da!

sein – das untergräbt doch nur unser Verhältnis. Du darfst es doch nicht übersehen, daß ein junger Mensch Licht- und Schattenseiten hat, das ist normal. Und ich kann dir nur flüstern: ⌐eine rein menschliche Beziehung⌐ wird erst dann echt, wenn man was voneinander hat.

(ugs.) Unsinn, Geschwätz

Alles andere ist Larifari*. Und in diesem Sinne bin ich auch dafür, daß wir jetzt unsere freundschaftlich-ge-schäftlichen Beziehungen nicht deshalb abbrechen, weil die anderen für uns etwa ungesund sind –

VALERIE *unterbricht ihn:* Nein, pfui! Pfui –

ALFRED   Na siehst du! Jetzt hast du schon wieder einen anderen Kopf auf! Es wär doch auch zu leichtsinnig von dir, um nicht zu sagen übermütig! Was mach ich denn aus deinem Ruhegehalt, Frau Kanzleiobersekretärswit-we? Dadurch, daß ich eine Rennplatzkapazität bin, wie? Durch meine glückliche Hand beziehen Frau Kanzlei-obersekretärswitwe das Gehalt eines aktiven ⌐Ministe-rialdirigenten⌐ erster Klass! – Was ist denn schon wieder los?

VALERIE   Ich hab jetzt nur an das Grab gedacht.

ALFRED   An was für ein Grab?

VALERIE   An sein Grab. Immer, wenn ich das hör: Frau Kanzleiobersekretär – dann muß ich an sein Grab den-ken.

Stille.

VALERIE   Ich kümmer mich zu wenig um das Grab. Meiner Seel, ich glaub, es ist ganz verwildert –

Pferderenn-bahn im nord-westl. Vorort-bereich von Paris

ALFRED   Valerie, wenn ich morgen in Maisons-Laffitte* gewinn, dann lassen wir sein Grab mal gründlich her-richten. Halb und halb.

VALERIE   *küßt plötzlich seine Hand.*

ALFRED   Nein, nicht so –

DIE STIMME DES HIERLINGER FERDINAND   *vom Turm:* Alfred! Alfred! Es ist wunderschön heroben, und ich komm gleich runter!

ALFRED *ruft hinauf:* Ich bin bereit! *Er fixiert Valerie.* Was?
Du weinst?

VALERIE *weinerlich:* Aber keine Idee – *Sie betrachtet sich
in ihrem Taschenspiegel.* Gott, bin ich wieder deran-
giert* – höchste Zeit, daß ich mich wieder mal rasier –
*Sie schminkt sich mit dem Lippenstift und summt dazu
den ⌐Trauermarsch von Chopin⌐.*

DIE GROSSMUTTER Alfred!

ALFRED *nähert sich ihr.*

DIE GROSSMUTTER Wann kommst du denn wieder? Bald?

ALFRED Sicher.

DIE GROSSMUTTER Ich hab so Abschiede nicht gern, weißt
du. – Daß dir nur nichts passiert, ich hab oft so Angst –

ALFRED Was soll mir denn schon passieren?

Stille.

DIE GROSSMUTTER Wann gibst du mir denn das Geld zurück?

ALFRED Sowie ich es hab.

DIE GROSSMUTTER Ich brauch es nämlich.

ALFRED Zu was brauchst du denn dein Geld?

DIE GROSSMUTTER Nächsten Monat werd ich achtzig –
und ich möcht um mein eigenes Geld begraben werden,
ich möcht keine milden Gaben, du kennst mich ja –

ALFRED Mach dir nur keine Sorgen, Großmama!

II
⌐Stille Straße im achten Bezirk⌐

Von links nach rechts: Oskars gediegene Fleischhauerei
mit halben Rindern und Kälbern, Würsten, Schinken und
Schweinsköpfen in der Auslage. Daneben eine Puppenklinik* mit Firmenschild »Zum Zauberkönig« – mit Scherz-
artikeln, Totenköpfen, Puppen, Spielwaren, Raketen,
Zinnsoldaten und einem Skelett im Fenster. Endlich: eine*

(österr. ugs.)
unordentlich,
zersaust

(österr.) Metz-
gerei

(österr.)
Puppenladen

(österr.) Laden *kleine Tabak-Trafik* mit Zeitungen, Zeitschriften und An-*
sichtspostkarten vor der Tür. Über der Puppenklinik be-
findet sich ein Balkon mit Blumen, der zur Privatwohnung
des Zauberkönigs gehört.

OSKAR *mit weißer Schürze; er steht in der Tür seiner*
Fleischhauerei und maniküurt sich mit seinem Taschen-
messer; ab und zu lauscht er, denn im zweiten Stock
spielt jemand auf einem ausgeleierten Klavier die »Ge-
schichten aus dem Wiener Wald« von Johann Strauß.

IDA *ein elfjähriges, herziges, mageres, kurzsichtiges Mä-*
derl, verläßt mit ihrer Markttasche die Fleischhauerei
und will nach rechts ab, hält aber vor der Puppenklinik
und betrachtet die Auslage.

HAVLITSCHEK *der Gehilfe Oskars, ein Riese mit blutigen*
Händen und ebensolcher Schürze, erscheint in der Tür
der Fleischhauerei; er frißt eine kleine Wurst und ist wü-
tend: Dummes Luder, dummes –

OSKAR Wer?

HAVLITSCHEK *deutet mit seinem langen Messer auf Ida:*
Das dort! Sagt das dumme Luder nicht, daß meine
⌜Blutwurst⌝ nachgelassen hat – meiner Seel, am liebsten
tät ich so was abstechen, und wenn des dann auch mit
dem Messer in der Gurgel herumrennen müßt, wie die
gestrige Sau, dann tät mich das nur freuen!

OSKAR *lächelt:* Wirklich?

IDA *fühlt Oskars Blick, es wird ihr ⌜unheimlich⌝; plötzlich*
rennt sie nach rechs ab.

HAVLITSCHEK *lacht.*

Offizier in
einer Reiterab-
teilung, unter-
halb des Rangs
eines Majors RITTMEISTER* *kommt von links; er ist bereits seit dem*
⌜Zusammenbruch⌝ *pensioniert und daher in Zivil; jetzt*
grüßt er Oskar.

OSKAR UND HAVLITSCHEK *verbeugen sich – und der Wal-*
zer ist aus.

RITTMEISTER Also das muß ich schon sagen: die gestrige
Blutwurst – Kompliment! First class!

OSKAR Zart, nicht?

RITTMEISTER Ein Gedicht!

OSKAR Hast du gehört, Havlitschek?

RITTMEISTER Ist er derjenige, welcher?

5 HAVLITSCHEK Melde gehorsamst ja, Herr Rittmeister!

RITTMEISTER Alle Achtung!

HAVLITSCHEK Herr Rittmeister sind halt ein Kenner. Ein ⌈Gourmand⌉. Ein Weltmann.

RITTMEISTER *zu Oskar:* Ich bin seinerzeit viel in unserer

10 alten Monarchie herumtransferiert* worden, aber ich muß schon sagen: Niveau. Niveau!

(österr.) dienstlich versetzt

OSKAR Ist alles nur Tradition, Herr Rittmeister!

RITTMEISTER Wenn Ihr armes Mutterl selig noch unter uns weilen würde, die hätt eine Freude an ihrem Sohn.

15 OSKAR *lächelt geschmeichelt:* Es hat halt nicht sollen sein, Herr Rittmeister.

RITTMEISTER ⌈Wir müssen alle mal fort⌉.

OSKAR Heut vor einem Jahr ist sie fort.

RITTMEISTER Wer?

20 OSKAR Meine Mama, Herr Rittmeister. Nach dem Essen um halb drei – da hatte sie unser Herrgott erlöst.
Stille.

RITTMEISTER Ist denn das schon ein Jahr her?
Stille.

25 OSKAR Entschuldigens mich bitte, Herr Rittmeister, aber ich muß mich jetzt noch in Gala werden – für die Totenmess. *Ab.*

RITTMEISTER *reagiert nicht; ist anderswo.*
Stille.

30 RITTMEISTER Wieder ein Jahr – bis zwanzig gehts im Schritt, bis vierzig im Trab, und nach vierzig im Galopp –
Stille.

HAVLITSCHEK *frißt nun wieder:* Das ist ein schönes Erdbegräbnis gewesen von der alten gnädigen Frau –

35 RITTMEISTER Ja, es war sehr gelungen – *Er läßt ihn stehen*

*und nähert sich der Tabak-Trafik, hält einen Augenblick
vor dem Skelett in der Puppenklinik; jetzt spielt wieder
jemand im zweiten Stock, und zwar den Walzer »Über
den Wellen«*.

Musikstück
von Juventino
Rosas (1868–
1894)

HAVLITSCHEK *sieht dem Rittmeister nach, spuckt die
Wursthaut aus und zieht sich zurück in die Fleischhauerei.*

VALERIE *erscheint in der Tür ihrer Tabak-Trafik.*

RITTMEISTER *grüßt.*

VALERIE *dankt.*

Offizielle
Veröffentli-
chung der bei
der Klassenlot-
terie gezo-
genen
Losnummern

RITTMEISTER Dürft ich mal die Ziehungsliste*?

VALERIE *reicht sie ihm aus dem Ständer von der Tür.*

RITTMEISTER Küß die Hand! *Er vertieft sich in die Ziehungsliste; plötzlich bricht der Walzer ab, mitten im
Takt.*

VALERIE *schadenfroh:* Was haben wir denn gewonnen,
Herr Rittmeister? Das große Los?

RITTMEISTER *reicht ihr die Ziehungsliste wieder zurück:*
Ich hab überhaupt noch nie was gewonnen, liebe Frau
Valerie. Weiß der Teufel, warum ich spiel! Höchstens,
daß ich meinen Einsatz herausbekommen hab.

VALERIE Das ist halt das ⌜Glück in der Liebe⌝.

RITTMEISTER Gewesen, gewesen!

VALERIE Aber Herr Rittmeister! Mit dem Profil!

RITTMEISTER Das hat nicht viel zu sagen – wenn man
nämlich ein wählerischer Mensch ist. Und eine solche
Veranlagung ist eine kostspielige Charaktereigenschaft.
⌜Wenn der Krieg nur vierzehn Tage länger gedauert hätt⌝,
dann hätt ich heut meine Majorspension*.

Major: Rang
über dem Ritt-
meister

VALERIE Wenn der Krieg vierzehn Tag länger gedauert
hätt, dann hätten wir gesiegt.

RITTMEISTER Menschlichem Ermessen nach –

VALERIE Sicher. *Ab in ihre Tabak-Trafik.*

MARIANNE *begleitet eine gnädige Frau aus der Puppenklinik – jedesmal, wenn diese Ladentür geöffnet wird,
ertönt statt eines Klingelzeichens ein Glockenspiel.*

18   Geschichten aus dem Wiener Wald

RITTMEISTER *blättert nun in einer Zeitung und horcht.*

DIE GNÄDIGE FRAU Also ich kann mich auf Sie verlassen?

MARIANNE Ganz und gar, gnädige Frau! Wir haben doch hier das erste und älteste Spezialgeschäft im ganzen Bezirk – gnädige Frau bekommen die gewünschten Zinnsoldaten, garantiert und pünktlich!

DIE GNÄDIGE FRAU Also nochmals, nur damit keine Verwechslungen entstehen: drei Schachteln Schwerverwundete und zwei Schachteln Fallende – auch Kavallerie bitte, nicht nur Infanterie – und daß ich sie nur übermorgen früh im Haus hab, sonst weint der Bubi. Er hat nämlich am Freitag Geburtstag, und er möcht doch schon so lang Sanitäter spielen –

MARIANNE Garantiert und pünktlich, gnädige Frau! Vielen Dank, gnädige Frau!

DIE GNÄDIGE FRAU Also Adieu! *Ab nach links.*

DER ZAUBERKÖNIG *erscheint auf seinem Balkon, in Schlafrock und mit ⌈Schnurrbartbinde⌉*: Marianne! Bist du da?

MARIANNE Papa?

ZAUBERKÖNIG Wo stecken denn meine Sockenhalter?

MARIANNE Die rosa oder die beige?

ZAUBERKÖNIG Ich hab doch nur mehr die rosa!

MARIANNE Im Schrank links oben, rechts hinten.

ZAUBERKÖNIG Links oben, rechts hinten. Difficile est, satiram non scribere*. *Ab.*

RITTMEISTER *zu Marianne:* Immer fleißig, ⌈Fräulein Marianne⌉! Immer fleißig!

MARIANNE ⌈Arbeit schändet nicht⌉, Herr Rittmeister.

RITTMEISTER Im Gegenteil. Apropos: wann darf man denn gratulieren?

MARIANNE Zu was denn?

RITTMEISTER Na zur Verlobung.

ZAUBERKÖNIG *erscheint wieder auf dem Balkon:* Marianne!

(lat.) »Es ist schwer, keine Satire zu schreiben«, Juvenal (60–140 n. Chr.)

RITTMEISTER Habe die Ehre, Herr Zauberkönig!

ZAUBERKÖNIG Habe die Ehre, Herr Rittmeister! Marianne. Zum letztenmal: wo stecken meine Sockenhalter?

MARIANNE Wo sie immer stecken.

ZAUBERKÖNIG Was ist das für eine Antwort, bitt ich mir aus! Einen Ton hat dieses Ding an sich! Herzig! Zum leiblichen Vater! Wo meine Sockenhalter immer stecken, dort stecken sie nicht.

MARIANNE Dann stecken sie in der Kommod.

ZAUBERKÖNIG Nein.

MARIANNE Dann im Nachtkastl*.

ZAUBERKÖNIG Nein.

MARIANNE Dann bei deinen Unterhosen.

ZAUBERKÖNIG Nein.

MARIANNE Dann weiß ich es nicht.

ZAUBERKÖNIG Jetzt frag ich aber zum allerletztenmal: wo stecken meine Sockenhalter!

MARIANNE Ich kann doch nicht zaubern!

ZAUBERKÖNIG *brüllt sie an:* Und ich kann doch nicht mit rutschende Strümpf in die Totenmess! Weil du meine Garderob verschlampst! Jetzt komm aber nur rauf und such du! Aber avanti, avanti*!

MARIANNE *ab in die Puppenklinik – und jetzt wird der Walzer »Über den Wellen« wieder weitergespielt.*

ZAUBERKÖNIG *lauscht.*

RITTMEISTER Wer spielt denn da?

ZAUBERKÖNIG Das ist eine Realschülerin im zweiten Stock – ein talentiertes Kind ist das.

RITTMEISTER Ein musikalisches.

ZAUBERKÖNIG Ein frühentwickeltes – *Er summt mit, riecht an den Blumen und genießt ihren Duft.*

RITTMEISTER Es wird Frühling, Herr Zauberkönig.

ZAUBERKÖNIG Endlich! Selbst das Wetter ist verrückt geworden!

RITTMEISTER Das sind wir alle.

(österr.) Nachttisch

(ital.) vorwärts

ZAUBERKÖNIG Ich nicht.

Pause.

ZAUBERKÖNIG Elend sind wir dran, Herr Rittmeister, elend. Nicht einmal einen Dienstbot kann man sich halten. Wenn ich meine Tochter nicht hätt –

OSKAR *kommt aus seiner Fleischhauerei, in Schwarz und mit Zylinder; er zieht sich soeben schwarze Glacéhandschuhe* an.*

ZAUBERKÖNIG Ich bin gleich fertig, Oskar! Die liebe Mariann hat nur wieder mal meine Sockenhalter verhext!

RITTMEISTER Herr Zauberkönig! Dürft ich mir erlauben, Ihnen meine Sockenhalter anzubieten? Ich trag nämlich auch Strumpfbänder, neuerdings –

ZAUBERKÖNIG Zu gütig! Küß die Hand! Aber Ordnung muß sein! Die liebe Mariann wird sie schon wieder herhexen!

RITTTMEISTER Der Herr Bräutigam in spe* können sich gratulieren.

OSKAR *lüftet den Zylinder und verbeugt sich leicht.*

ZAUBERKÖNIG Wenns Gott mir vergönnt, ja.

RITTMEISTER Mein Kompliment, die Herren! *Ab – und nun ist der Walzer aus.*

MARIANNE *erscheint auf dem Balkon mit den rosa Sockenhaltern:* Hier hab ich jetzt deine Sockenhalter.

ZAUBERKÖNIG Na also!

MARIANNE Du hast sie aus Versehen in die Schmutzwäsch geworfen – und ich hab jetzt das ganze schmutzige Zeug durchwühlen müssen.

ZAUBERKÖNIG Na so was! *Er lächelt väterlich und kneift sie in die Wange.* Brav, brav. Unten steht der Oskar. *Ab.*

OSKAR Marianne! Marianne!

MARIANNE Ja?

OSKAR Willst du denn nicht herunterkommen?

MARIANNE Das muß ich sowieso. *Ab.*

HAVLITSCHEK *erscheint in der Tür der Fleischhauerei;*

Handschuhe aus glänzendem Gewebe

(lat.) zukünftig

wieder fressend: Herr Oskar. Was ich noch hab sagen wollen – geh, bittschön, betens auch in meinem Namen ein Vaterunser für die arme gnädige Frau Mutter selig.

OSKAR Gern, Havlitschek.

HAVLITSCHEK Ich sage dankschön, Herr Oskar. *Ab.*

MARIANNE *tritt aus der Puppenklinik.*

OSKAR Ich bin so glücklich, Mariann. Bald ist das Jahr der Trauer ganz vorbei, und morgen leg ich meinen ⌈Flor⌉ ab. Und am Sonntag ist offizielle Verlobung und Weihnachten Hochzeit. – Ein Bussi, Mariann, ein Vormittagsbussi –

MARIANNE *gibt ihm einen Kuß, fährt aber plötzlich zurück:* Au! Du sollst nicht immer beißen!

OSKAR Hab ich denn jetzt?

MARIANNE Weißt du denn das nicht?

OSKAR Also ich hätt jetzt geschworen –

MARIANNE Daß du mir immer weh tun mußt.
Stille.

OSKAR Böse?
Stille.

OSKAR Na?

MARIANNE Manchmal glaub ich schon, daß du es dir herbeisehnst, daß ich ein böser Mensch sein soll –

OSKAR Marianne! Du weißt, daß ich ein religiöser Mensch bin und daß ich es ernst nehme mit den christlichen Grundsätzen!

MARIANNE Glaubst du vielleicht, ich glaub nicht an Gott? Ph!

OSKAR Ich wollte dich nicht beleidigen. Ich weiß, daß du mich verachtest.

MARIANNE Was fällt dir ein, du Idiot!
Stille.

OSKAR Du liebst mich also nicht?

MARIANNE ⌈Was ist Liebe?⌉
Stille.

OSKAR Was denkst du jetzt?

MARIANNE Oskar, wenn uns etwas auseinanderbringen kann, dann bist du es. Du sollst nicht so herumbohren in mir, bitte –

OSKAR Jetzt möcht ich in deinen Kopf hineinsehen können, ich möcht dir mal ⌜die Hirnschale herunter⌝ und nachkontrollieren, was du da drinnen denkst –

MARIANNE Aber das kannst du nicht.

OSKAR Man ist und bleibt allein.

Stille.

OSKAR *holt aus seiner Tasche eine Bonbonniere hervor:* Darf ich dir diese Bonbons, ich hab sie jetzt ganz vergessen, die im Goldpapier sind mit Likör –

MARIANNE *steckt sich mechanisch ein großes Bonbon in den Mund.*

ZAUBERKÖNIG *tritt rasch aus der Puppenklinik, auch in Schwarz und mit Zylinder:* Also da sind wir, Was hast du da? Schon wieder Bonbons? Aufmerksam, sehr aufmerksam! *Er kostet.* Ananas! Prima! Na was sagst du zu deinem Bräutigam? Zufrieden?

MARIANNE *rasch ab in die Puppenklinik.*

ZAUBERKÖNIG *verdutzt:* Was hat sie denn?

OSKAR Launen.

ZAUBERKÖNIG Übermut! Es geht ihr zu gut!

OSKAR ⌜Komm, wir haben keine Zeit, Papa⌝ – die Messe –

ZAUBERKÖNIG Aber eine solche ⌜Benehmität⌝! Ich glaub gar, daß du sie mir verwöhnst – also nur das nicht, lieber Oskar! Das rächt sich bitter! Was glaubst du, was ich auszustehen gehabt hab in meiner Ehe? Und warum? Nicht weil meine gnädige Frau Gemahlin ein bissiges Mistvieh war, sondern weil ich zu vornehm war, Gott hab sie selig! Nur niemals die Autorität verlieren! Abstand wahren! Patriarchat, kein Matriarchat! Kopf hoch! ⌜Daumen runter!⌝ ⌜Ave Caesar, morituri te salutant!⌝ *Ab mit Oskar.*

Aus Carl
Michael
Ziehrers
(1843–1922)
Operette *Die
Landstreicher*
(1899)

*Jetzt spielt die Realschülerin im zweiten Stock den Wal-
zer »In lauschiger Nacht« von Ziehrer*.*

MARIANNE *erscheint nun in der ⌜Auslage⌝ und arrangiert –
sie bemüht sich besonders um das Skelett.*

ALFRED *kommt von links, erblickt Marianne von hinten,
hält und betrachtet sie.*

MARIANNE *dreht sich um – erblickt Alfred und ist fast
fasziniert.*

ALFRED *lächelt.*

MARIANNE *lächelt auch.*

ALFRED *grüßt charmant.*

MARIANNE *dankt.*

ALFRED *nähert sich der Auslage.*

VALERIE *steht nun in der Tür ihrer Tabak-Trafik und betrachtet Alfred.*

ALFRED *trommelt an die Fensterscheibe.*

MARIANNE *sieht ihn plötzlich erschrocken an, läßt rasch
den Sonnenvorhang hinter der Fensterscheibe herab –
und der Walzer bricht wieder ab, mitten im Takt.*

ALFRED *erblickt Valerie.*

Stille.

VALERIE Wohin?

ALFRED Zu dir, Liebling.

VALERIE Was hat man denn in der Puppenklinik verloren?

ALFRED Ich wollte dir ein Pupperl kaufen.

VALERIE Und an so was hängt man sein Leben.

ALFRED Pardon!

Stille.

ALFRED *krault Valerie am Kinn.*

VALERIE *schlägt ihn auf die Hand.*

Stille.

ALFRED Wer ist denn das Fräulein da drinnen?

VALERIE Das geht dich einen Dreck an.

ALFRED Das ist sogar ein sehr hübsches Fräulein.

VALERIE Haha!

ALFRED   Ein schöngewachsenes Fräulein. Daß ich dieses
    Fräulein noch nie gesehen habe – das ist halt die ⌐Tücke
    des Objekts⌐.

VALERIE   Na und?

5 ALFRED   Also ein für allemal: lang halt ich jetzt aber deine
    hysterischen Eifersüchteleien nicht mehr aus! Ich laß
    mich nicht tyrannisieren! Das hab ich doch schon gar
    nicht nötig!

VALERIE   Wirklich?

10 ALFRED   Glaub nur ja nicht, daß ich auf dein Geld ange-
    wiesen bin!
    Stille.

VALERIE   Ja, das wird wohl das beste sein –

ALFRED   Was?

15 VALERIE   Das wird das beste sein für uns beide, daß wir uns
    trennen.

ALFRED   Aber dann endlich! Und im guten! Und konse-
    quent, wenn man bitten darf! – Da. Das bin ich dir noch
    schuldig. Mit Quittung. Wir haben in Saint-Cloud
20   nichts verloren und in Le Tremblay* gewonnen. Außen-   Pferderenn-
    seiter. Zähls nach, bitte! *Ab.*   bahn in der
        Nähe von Paris
VALERIE   *allein; zählt mechanisch das Geld nach – dann
    sieht sie Alfred langsam nach; leise:* Luder. Mistvieh.
    Zuhälter. Bestie –

25 III
⌐Am nächsten Sonntag⌐ im Wiener Wald

Auf einer Lichtung am Ufer der schönen blauen Donau.
Der Zauberkönig und Marianne, Oskar, Valerie, Alfred,
einige entfernte Verwandte, unter ihnen Erich aus ⌐Kassel
30 *in Preußen*⌐, *und kleine weißgekleidete häßliche Kinder*
machen einen gemeinsamen Ausflug.
Jetzt bilden sie gerade eine malerische Gruppe, denn sie

wollen von Oskar fotografiert werden, der sich noch mit seinem Stativ beschäftigt – dann stellt er sich selbst in Positur neben Marianne, maßen* er ja mit einem Selbstauslöser arbeitet. Und nachdem dieser tadellos funktionierte, gerät die Gruppe in Bewegung.

weil

(ital.) Wiederholen!

ZAUBERKÖNIG Halt! Da capo!* Ich glaub, ich hab gewakkelt!

OSKAR Aber Papa!

ZAUBERKÖNIG Sicher ist sicher!

ERSTE TANTE Ach ja!

ZWEITE TANTE Das wär doch ewig schad!

ZAUBERKÖNIG Also da capo, da capo!

OSKAR Also gut! Er beschäftigt sich wieder mit seinem Apparat – und wieder funktioniert der Selbstauslöser tadellos.

ZAUBERKÖNIG Ich danke!

DIE GRUPPE löst sich allmählich auf.

ERSTE TANTE Lieber Herr Oskar, ich hätt ein großes Verlangen – geh, möchtens nicht mal die Kinderl allein abfotografieren, die sind doch heut so herzig –

OSKAR Aber mit Vergnügen! Er gruppiert die Kinder und küßt die Kleinste.

ZWEITE TANTE zu Marianne: Nein, mit welcher Liebe er das arrangiert. – Na wenn das kein braver Familienvater wird! Ein Kindernarr, ein Kindernarr! Unberufen!* Sie umarmt Marianne und gibt ihr einen Kuß.

Keine Frage!

VALERIE zu Alfred: Also das ist der Chimborasso*.

(österr. ugs.) Also das ist der Gipfel.

ALFRED Was für ein Chimborasso?

VALERIE Daß du dich nämlich diesen Herrschaften hier anschließt, wo du doch weißt, daß ich dabei bin – nach all dem, was zwischen uns passiert ist.

ALFRED Was ist denn passiert? Wir sind auseinander. Und noch dazu als gute Kameraden.

VALERIE Nein, du bist halt keine Frau – sonst würdest du meine Gefühle anders respektieren.

ALFRED Was für Gefühle? Noch immer?

VALERIE Als Frau vergißt man nicht so leicht. Es bleibt immer etwas in einem drinnen. Wenn du auch ein großer Gauner bist.

5 ALFRED Ich bitte dich, werde vernünftig.

VALERIE *plötzlich gehässig:* Das würde dir so passen! *Stille.*

ALFRED Darf sich der Gauner jetzt empfehlen?

VALERIE Wer hat ihn denn hier eingeladen?

10 ALFRED Sag ich nicht.

VALERIE Man kann sichs ja lebhaft vorstellen, nicht?

ALFRED *zündet sich eine Zigarette an.*

VALERIE Wo hat man sich denn kennengelernt? In der Puppenklinik?

15 ALFRED Halts Maul.

ZAUBERKÖNIG *nähert sich Alfred mit Erich:* Was höre ich? Die Herrschaften kennen sich noch nicht? Also darf ich bekannt machen: Das ist mein Neffe Erich, der Sohn meines Schwippschwagers* aus zweiter Ehe – und das ist
20 Herr Zentner. Stimmts?

ALFRED Gewiß.

ZAUBERKÖNIG Herr von Zentner!

ERICH *mit Brotbeutel und Feldflasche am Gürtel:* Sehr erfreut!

25 ZAUBERKÖNIG Erich ist ein Student. Aus Dessau.

ERICH Aus Kassel, Onkel.

ZAUBERKÖNIG Kassel oder Dessau – das verwechsel ich immer! *Er zieht sich zurück.*

ALFRED *zu Valerie:* Ihr kennt euch schon?

30 VALERIE Oh schon seit Ewigkeiten!

ERICH ⌈Ich hatte erst unlängst das Vergnügen. Wir hatten uns über das ⌈Burgtheater⌉ unterhalten⌉ und über den vermeintlichen ⌈Siegeszug des Tonfilms⌉.

ALFRED Interessant! *Er verbeugt sich korrekt und zieht*
35 *sich zurück; jetzt läßt eine Tante ihr Reisegrammophon singen:* »Wie eiskalt ist dies Händchen«*.

(ugs.)
Ehemann der
Schwägerin
oder Bruder
des Schwagers
oder der
Schwägerin

Arie aus
Giacomo
Puccinis
(1858–1924)
Oper *La
Bohème*
(1896)

ERICH *lauscht:* Bohème. Göttlicher Puccini!

MARIANNE *nun neben Alfred; sie lauscht:* Wie eiskalt ist dies Händchen –

ALFRED Das ist Bohème.

MARIANNE Puccini.

VALERIE *zu Erich:* Was kennen Sie denn für Operetten?

ERICH Aber das hat doch mit ⌐Kunst⌐ nichts zu tun!

VALERIE Geh, wie könnens denn nur so was sagen!

ERICH Kennen Sie die ⌐Brüder Karamasow⌐?

VALERIE Nein.

ERICH Das ist Kunst.

MARIANNE *zu Alfred:* Ich wollte mal ⌐rhythmische Gymnastik⌐ studieren, und dann hab ich von einem eigenen Institut geträumt, aber meine Verwandtschaft hat keinen Sinn für so was. Papa sagt immer, die finanzielle Unabhängigkeit der Frau vom Mann ist der letzte Schritt zum ⌐Bolschewismus⌐.

ALFRED Ich bin kein Politiker, aber glauben Sie mir: auch die finanzielle Abhängigkeit des Mannes von der Frau führt zu nichts Gutem. Das sind halt so ⌐Naturgesetze⌐.

MARIANNE Das glaub ich nicht.

OSKAR *fotografiert nun den Zauberkönig allein, und zwar in verschiedenen Posen; das Reisegrammophon hat ausgesungen.*

ALFRED Fotografiert er gern, der Herr Bräutigam?

MARIANNE Das tut er leidenschaftlich. Wir kennen uns schon seit acht Jahren.

ALFRED Wie alt waren Sie denn damals? Pardon, das war jetzt nur eine automatische Reaktion!

MARIANNE Ich war damals vierzehn.

ALFRED Das ist nicht viel.

MARIANNE Er ist nämlich ein Jugendfreund von mir. Weil wir Nachbarskinder sind.

ALFRED Und wenn Sie jetzt keine Nachbarskinder gewesen wären?

MARIANNE Wie meinen Sie das?

ALFRED Ich meine, daß das halt alles Naturgesetze sind. Und ⌈Schicksal⌉.

Stille.

5 MARIANNE Schicksal, ja. Eigentlich ist das nämlich gar nicht das, was man halt so Liebe nennt, vielleicht von seiner Seite aus, aber ansonsten – *Sie starrt Alfred plötzlich an.* Nein, was sag ich da, jetzt kenn ich Sie ja noch kaum – mein Gott, wie Sie das alles aus einem heraus-
10 ziehen –

ALFRED Ich will gar nichts aus Ihnen herausziehen. Im Gegenteil.

Stille.

MARIANNE Können Sie hypnotisieren?

15 OSKAR *zu Alfred:* Pardon! *Zu Marianne.* Darf ich bitten? *Er reicht ihr den Arm und geleitet sie unter eine schöne alte Baumgruppe, wo sich die ganze Gesellschaft bereits zum Picknick gelagert hat.*

ALFRED *folgt Oskar und Marianne und läßt sich ebenfalls*
20 *nieder.*

ZAUBERKÖNIG Über was haben wir denn gerade ge-plauscht*?   (österr.) gesprochen, geplaudert

ERSTE TANTE Über die ⌈Seelenwanderung⌉.

ZWEITE TANTE Was ist denn das für eine Geschicht, das
25 mit der Seelenwanderung?

ERICH Das ist ⌈buddhistische Religionsphilosophie⌉. Die Buddhisten behaupten, daß die Seele eines verstorbenen Menschen in ein Tier hineinfährt – zum Beispiel in einen Elefanten.

30 ZAUBERKÖNIG Verrückt!

ERICH Oder in eine Schlange.

ERSTE TANTE Pfui!

ERICH Wieso pfui? Das sind doch nur unsere kleinlichen menschlichen Vorurteile! So laßt uns doch mal die ge-
35 heime Schönheit der Spinnen, Käfer und Tausendfüßler –

ZWEITE TANTE *unterbricht ihn:* Also nur nicht unappetit-
lich, bittschön!

ERSTE TANTE Mir ist schon übel –

ZAUBERKÖNIG Mir kann heut nichts den Appetit verderben! Solche Würmer gibts gar nicht!

VALERIE Jetzt aber Schluß!

ZAUBERKÖNIG *erhebt sich und klopft mit dem Messer an
sein Glas:* Meine lieben Freunde! ⌜Zu guter Letzt⌝ war es
ja schon ein öffentliches Geheimnis, daß meine liebe
Tochter Mariann einen Blick auf meinen lieben Oskar
geworfen hat –

VALERIE Bravo!

(lat.) Ruhe! ZAUBERKÖNIG Silentium*, gleich bin ich fertig, und nun
haben wir uns hier versammelt, das heißt: ich hab euch
alle eingeladen, um einen wichtigen Abschnitt im Leben
zweier blühender Menschenkinder einfach, aber wür-
dig, in einem kleinen, aber auserwählten Kreise zu fei-
ern. Es tut mir nur heut in der Seele weh, daß Gott der
Allmächtige es meiner unvergeßlichen Gemahlin, der
Mariann ihrem lieben Mutterl selig, nicht vergönnt hat,
diesen Freudentag ihres einzigen Kindes mitzuerleben.
Ich weiß es aber ganz genau, sie steht jetzt sicher hinter
einem Stern droben in der Ewigkeit und schaut hier auf
uns herab. Und erhebt ihr Glas – *erhebt sein Glas* – um
ein aus dem Herzen kommendes Hoch auf das glückliche, nunmehr und hiermit offiziell verlobte Paar – das
junge Paar, Oskar und Marianne, es lebe hoch! Hoch!
Hoch!

ALLE Hoch! Hoch! Hoch!

IDA *jenes magere, herzige Mäderl, das seinerzeit Havlitscheks Blutwurst beanstandet hatte, tritt nun weißge-
kleidet mit einem Blumenstrauß vor das verlobte Paar
und rezitiert mit einem Sprachfehler:*
Die Liebe ist ein Edelstein,
Sie brennt jahraus, sie brennt jahrein

Und kann sich nicht verzehren,
Sie brennt, solang noch Himmelslicht
In eines Menschen Aug sich bricht,
Um drin sich zu verklären.

ALLE Bravo! Hoch! Gott, wie herzig!

IDA *überreicht Marianne den Blumenstrauß mit einem Knicks.*

ALLE *streicheln nun Ida und gratulieren dem verlobten Paar in aufgeräumtester Stimmung; das Reisegrammophon spielt nun den ⌈Hochzeitsmarsch⌉, und der Zauberkönig küßt Marianne auf die Stirn und Oskar auf den Mund, dann wischt er sich die Tränen aus den Augen, und dann legt er sich in seine Hängematte.*

ERICH *hat eben mit seiner Feldflasche Bruderschaft mit Oskar getrunken:* Mal herhören, Leute! Oskar und Marianne! Ich gestatte mir nun aus dieser Feldflasche auf euer ganz Spezielles zu trinken! Glück und Gesundheit und viele brave deutsche Kinder! ⌈Heil!⌉

VALERIE *angeheitert:* Nur keine ⌈Neger⌉! Heil!

ERICH Verzeihen, gnädige Frau, aber über diesen Punkt vertrag ich keine frivolen Späße! Dieser Punkt ist mir heilig, Sie kennen meine Stellung zu unserem ⌈Rassenproblem⌉.

VALERIE Ein problematischer Mensch. – Halt! So bleibens doch da, Sie komplizierter Mann, Sie –

ERICH Kompliziert. Wie meinen Sie das?

VALERIE Interessant –

ERICH Wieso?

VALERIE Ja glaubens denn, daß ich die Juden mag? Sie großes Kind – *Sie hängt sich ein in das große Kind und schleift es weg; man lagert sich nun im Wald und die kleinen Kindlein spielen und stören.*

OSKAR *singt zur Laute:*
Sei gepriesen, du lauschige Nacht,
Hast zwei Herzen so glücklich gemacht.

Und die Rosen im folgenden Jahr
Sahn ein Paar am Altar!
Auch der Klapperstorch blieb nicht lang aus,
Brachte klappernd den Segen ins Haus.
Und entschwand auch der liebliche Mai,
In der Jugend erblüht er neu!
Er spielt das Lied nochmal, singt aber nicht mehr, sondern summt nur; auch alle anderen summen mit, außer Alfred und Marianne.

ALFRED *nähert sich nämlich Marianne:* Darf man noch einmal gratulieren?

MARIANNE *schließt die Augen.*

ALFRED *küßt lange ihre Hand.*

OSKAR *hatte den Vorgang beobachtet, übergab seine Laute der zweiten Tante, schlich sich heran und steht nun neben Marianne.*

ALFRED *korrekt:* Ich gratuliere!

OSKAR Danke.

ALFRED *verbeugt sich korrekt und will ab.*

OSKAR *sieht ihm nach:* Er beneidet mich um dich – ein geschmackloser Mensch. Wer ist denn das überhaupt?

MARIANNE Ein Kunde.

OSKAR Schon lang?

MARIANNE Gestern war er da und wir sind ins Gespräch gekommen – nicht lang, und dann hab ich ihn gerufen. Er hat sich ein Gesellschaftsspiel gekauft.

VALERIE *schrill:* Was soll das Pfand in meiner Hand?

ERICH Das soll dreimal Muh schreien!

VALERIE Das ist die Tante Henriett, die Tante Henriett!

ERSTE TANTE *stellt sich in Positur und schreit:* Muh! Muh! Muh!

Großes Gelächter.

VALERIE Und was soll das Pfand in meiner Hand?

ZAUBERKÖNIG Das soll dreimal Mäh schreien!

VALERIE Das bist du selber!

ZAUBERKÖNIG Mäh! Mäh! Mäh!
Brüllendes Gelächter.
VALERIE Und was soll das Pfand in meiner Hand?
ZWEITE TANTE Der soll etwas demonstrieren!
5 ERICH Was denn?
ZWEITE TANTE Was er kann!
VALERIE Oskar! Hast du gehört, Oskar? Du sollst uns
etwas demonstrieren!
ERICH Was du willst!
10 ZAUBERKÖNIG Was du kannst!
Stille.
OSKAR Meine Damen und Herren, ich werde Ihnen etwas
sehr Nützliches demonstrieren, nämlich ich hab mich
mit der japanischen Selbstverteidigungsmethode be-
15 schäftigt. Mit dem sogenannten ⌈Jiu-Jitsu⌉. Und nun
passens bitte auf, wie man seinen Gegner spielend
kampfunfähig machen kann – *Er stürzt sich plötzlich
auf Marianne und* ⌈*demonstriert an ihr seine Griffe*⌉.
MARIANNE *stürzt zu Boden:* Au! Au! Au! –
20 ERSTE TANTE Nein, dieser Rohling!
ZAUBERKÖNIG Bravo! Bravissimo!
OSKAR *zur ersten Tante:* Aber ich hab doch den Griff nur
markiert*, sonst hätt ich ihr doch das Rückgrat verletzt! angedeutet
ERSTE TANTE Das auch noch!
25 ZAUBERKÖNIG *klopft Oskar auf die Schulter:* Sehr ge-
schickt! Sehr einleuchtend!
ZWEITE TANTE *hilft Marianne beim Aufstehen:* Ein so zar-
tes Frauerl. – Haben wir denn noch ein Pfand?
VALERIE Leider! Schluß. Aus!
30 ZAUBERKÖNIG Dann hätt ich ein Projekt! Jetzt gehen wir
alle baden! Hinein in die kühle Flut! Ich schwitz eh
schon wie ein gselchter* Aff! (österr.) geräu-
cherter
ERICH Eine ausgezeichnete Idee!
VALERIE Aber wo sollen sich denn die Damen entkleiden?
35 ZAUBERKÖNIG Nichts leichter als das! Die Damen rechts,

die Herren links! Also auf Wiedersehen in unserer schönen blauen Donau!

Jetzt spielt das Reisegrammophon den Walzer »An der schönen blauen Donau«, und die Damen verschwinden rechts, die Herren links – Valerie und Alfred sind die letzten.

VALERIE Alfred!

ALFRED Bitte?

VALERIE *trällert die Walzermelodie nach und zieht ihre Bluse aus.*

ALFRED Nun?

VALERIE *wirft ihm eine Kußhand zu.*

ALFRED Adieu!

VALERIE Moment! Gefällt dem Herrn Baron das Fräulein Braut?

ALFRED *fixiert sie – geht dann rasch auf sie zu und hält knapp vor ihr:* Hauch mich an!

VALERIE Wie komm ich dazu!

ALFRED Hauch mich an!

VALERIE *haucht ihn an.*

ALFRED Du Alkoholistin.

VALERIE Das ist doch nur ein Schwips, den ich da hab, du Vegetarianer! ⌜Der Mensch denkt und Gott lenkt⌝. Man feiert doch nicht alle Tage Verlobung – und Entlobung, du Schweinehund –

ALFRED Einen anderen Ton, wenn ich bitten darf!

VALERIE Daß du mich nicht anrührst, daß du mich nicht anrührst –

ALFRED Toll! Als hätt ich dich schon jemals angerührt.

VALERIE Und am siebzehnten März?
Stille.

ALFRED Wie du dir alles merkst –

VALERIE Alles. Das Gute und das Böse – *Sie hält sich plötzlich die Bluse vor.* Geh! Ich möcht mich jetzt ausziehen!

ALFRED Als hätt ich dich nicht schon so gesehen –

VALERIE *kreischt:* Schau mich nicht so an! Geh! Geh!

ALFRED Hysterische Kuh – *Ab nach links.*

VALERIE *allein; sieht ihm nach:* Luder. Mistvieh. Dreck-
sau. Bestie. *Sie zieht sich aus.*

5 ZAUBERKÖNIG *taucht im Schwimmanzug hinter dem
Busch auf und sieht zu.*

VALERIE *hat nun nur mehr das Hemd, Schlüpfer und
Strümpfe an, sie entdeckt den Zauberkönig:* Jesus Maria
Josef! Oh du Hallodri!* Mir scheint gar, du bist ein
10 ⌜Voyeur⌝ –

    (österr. ugs.)
    leichtsinniger
    Bursche

ZAUBERKÖNIG Ich bin doch nicht pervers*. Zieh dich nur
ruhig weiter aus.

    sexuell abartig
    veranlagt

VALERIE Nein, ich hab doch noch mein Schamgefühl.

ZAUBERKÖNIG Geh, in der heutigen Zeit!

15 VALERIE Aber ich hab halt so eine verflixte Phantasie – *Sie
trippelt hinter einen Busch.*

ZAUBERKÖNIG *läßt sich vor dem Busch nieder, entdeckt
Valeries Korsett, nimmt es an sich und riecht daran:* Mit
oder ohne Phantasie – diese heutige Zeit ist eine verkehr-
20 te Welt! ⌜Ohne Treu, ohne Glauben⌝, ohne sittliche
Grundsätz. Alles wackelt, nichts steht mehr fest. Reif für
die Sintflut – *Er legt das Korsett wieder beiseite, denn es
duftet nicht gerade überwältigend.* Ich bin nur froh, daß
ich die Mariann angebracht hab, eine Fleischhauerei ist
25 immer noch solid –

VALERIES STIMME Na und die ⌜Trafikantinnen⌝?

ZAUBERKÖNIG Auch! Rauchen und Fressen werden die
Leut immer – aber zaubern? Wenn ich mich so mit der
Zukunft beschäftig, da wirds mir manchmal ganz pes-
30 simistisch. Ich habs ja überhaupt nicht leicht gehabt in
meinem Leben, ich muß ja nur an meine Frau selig den-
ken – diese ewige Schererei mit den Spezialärzten –

VALERIE *erscheint nun im Badetrikot; sie beschäftigt sich
mit dem Schulterknöpfchen:* An was ist sie denn eigent-
35 lich gestorben?

ZAUBERKÖNIG *stiert auf ihren Busen:* An der Brust.

VALERIE Doch nicht Krebs?

ZAUBERKÖNIG Doch. Krebs.

VALERIE Ach, die Ärmste.

ZAUBERKÖNIG Ich war auch nicht zu beneiden. Man hat ihr die linke Brust wegoperiert – sie ist überhaupt nie gesund gewesen, aber ihre Eltern haben mir das verheimlicht. – Wenn ich dich daneben anschau: stattlich, also direkt königlich. – Eine königliche Person.

VALERIE *macht nun Rumpfbeugen:* Was wißt ihr Mannsbilder schon von der Tragödie des Weibes? Wenn wir uns nicht so herrichten und pflegen täten –

ZAUBERKÖNIG *unterbricht sie:* Glaubst du, ich muß mich nicht pflegen?

VALERIE Das schon. Aber bei einem Herrn sieht man doch in erster Linie auf das Innere – *Sie macht nun in rhythmischer Gymnastik.*

ZAUBERKÖNIG *sieht ihr zu und macht dann Kniebeugen.*

VALERIE Hach, jetzt bin ich aber müd! *Sie wirft sich neben ihn hin.*

ZAUBERKÖNIG ⌈Der sterbende Schwan⌉. *Er nimmt neben ihr Platz.*

Stille.

VALERIE Darf ich meinen Kopf in deinen Schoß legen?

ZAUBERKÖNIG Auf der Alm gibts keine Sünd!*

VALERIE *tut es:* Die Erd ist nämlich noch hart – heuer* war der Winter lang.

Stille.

VALERIE *leise:* Du. Gehts dir auch so? Wenn die Sonn so auf meine Haut scheint, wirds mir immer so weißnichtwie –

ZAUBERKÖNIG Wie? Sags mir.

Stille.

VALERIE Du hast doch zuvor mit meinem Korsett gespielt?

Stille.

Bekanntes bayrisches Jodlerlied

(österr.) in diesem Jahr

ZAUBERKÖNIG Na und?

VALERIE Na und?

ZAUBERKÖNIG *wirft sich plötzlich über sie und küßt sie.*

VALERIE Gott, was für ein Temperament – das hätt ich dir
gar nicht zugetraut – du schlimmer Mensch, du –

ZAUBERKÖNIG Bin ich sehr schlimm?

VALERIE Ja – nein, du! Halt, da kommt wer! *Sie kugeln
auseinander.*

ERICH *kommt in Badehose mit einem Luftdruckgewehr:*
Verzeihung, Onkel! Du wirst es doch gestatten, wenn
ich es mir jetzt gestatte, hier zu schießen?

ZAUBERKÖNIG Was willst du?

ERICH Schießen.

ZAUBERKÖNIG Du willst hier schießen?

ERICH Nach der Scheibe auf jener Buche dort. Übermorgen steigt nämlich das monatliche Preisschießen unseres
akademischen Wehrverbandes und da möchte ich es mir
nur gestatten, mich etwas einzuschießen. Also darf ich?

VALERIE Natürlich.

ZAUBERKÖNIG Natürlich? *Zu Valerie.* Natürlich! *Er erhebt sich.* Wehrverband! Sehr natürlich! Nur das Schießen nicht verlernen. – Ich geh mich jetzt abkühlen! In
unsere schöne blaue Donau! *Für sich.* Hängts euch auf!
Ab.

ERICH *ladet, zielt und schießt.*

VALERIE *sieht ihm zu; nach dem dritten Schuß:* Pardon,
wenn ich Sie molestiere* – was studieren der junge Herr   belästige
eigentlich?

ERICH Jus*. Drittes Semester. *Er zielt.* Arbeitsrecht.   (österr.) Jura
Schuß.

VALERIE Arbeitsrecht. Ist denn das nicht recht langweilig?

ERICH *ladet:* Ich habe Aussicht, dereinst als Syndikus*   Jurist in einem
mein Unterkommen zu finden. *Er zielt.* In der Industrie.   großen Unter-
Schuß.   nehmen oder
                                                            einem
                                                            Verband

VALERIE Und wie gefällt Ihnen unsere Wiener Stadt?

ERICH ⌜Herrliches Barock⌝.

VALERIE Und die ⌜süßen Wiener Maderln⌝?

ERICH Offen gesagt: Ich kann mit jungen Mädchen nichts
anfangen. Ich war nämlich schon mal verlobt und hatte
nur bittere Enttäuschungen, weil Käthe eben zu jung   5
war, um meinem Ich Verständnis entgegenbringen zu
können. Bei jungen Mädchen verschwendet man seine
Gefühle an die falsche Adresse. Dann schon lieber eine
reifere Frau, die einem auch etwas geben kann.
Schuß.   10

VALERIE Wo wohnen Sie denn?

ERICH Ich möchte gerne ausziehen.

VALERIE Ich hätt ein möbliertes Zimmer.

ERICH Preiswert?

VALERIE Geschenkt.   15

ERICH Das träfe sich ja famos.
Schuß.

VALERIE Herr Syndikus – geh, lassens mich auch mal
schießen –

ERICH Mit Vergnügen!   20

VALERIE Ganz meinerseits. *Sie nimmt ihm das Gewehr ab.*
Waren Sie noch Soldat?

ERICH Leider nein – ich bin doch Jahrgang 1911.

VALERIE 1911 – *Sie zielt lange.*

ERICH *kommandiert:* Stillgestanden! Achtung! Feuer!   25

VALERIE *schießt nicht – langsam läßt sie das Gewehr sin-
ken und sieht ihn ernst an.*

ERICH Was ist denn los?

VALERIE Au! *Sie krümmt sich plötzlich und wimmert.* Ich
hab so Stechen. – Meine arme Niere –   30
Stille.

ERICH Kann ich Ihnen behilflich sein?

VALERIE Danke. – Jetzt ist es schon wieder vorbei. Das ist
nämlich oft so, wenn ich mich freudig aufreg – ich muß
halt immer gleich büßen. Jetzt kann ich das Ziel nicht   35
mehr sehen –

ERICH *verwirrt:* Was für ein Ziel?

VALERIE Weil es halt schon dämmert – *Sie umarmt ihn und er läßt sich umarmen; ein Kuß.* Ein Ziel ist immer etwas Erstrebenswertes. Ein Mensch ohne Ziel ist kein Mensch. – Du – du – Neunzehnhundertelfer – –

IV
An der schönen blauen Donau

Nun ist die Sonne untergegangen, es dämmert bereits, und in der Ferne spielt der lieben Tante ihr Reisegrammophon den »Frühlingsstimmen-Walzer« von Johann Strauß*.

Walzer
op. 410 (1883)
von Johann
Strauß (Sohn).

ALFRED *in Bademantel und Strohhut – er blickt verträumt auf das andere Ufer.*

MARIANNE *steigt aus der schönen blauen Donau und erkennt Alfred.*

Stille.

ALFRED *lüftet den Strohhut:* Ich wußte es, daß Sie hier landen werden.

MARIANNE Woher wußten Sie das?

ALFRED Ich wußt es.

Stille.

MARIANNE Die Donau ist weich wie Samt –

ALFRED Wie Samt.

MARIANNE Heut möcht ich weit fort – heut könnt man im Freien übernachten.

ALFRED Leicht.

MARIANNE Ach, wir armen Kulturmenschen! Was haben wir von unserer Natur!

ALFRED Was haben wir aus unserer Natur gemacht? Eine Zwangsjacke. Keiner darf, wie er will.

MARIANNE Und keiner will, wie er darf.

Stille.

ALFRED Und keiner darf, wie er kann.

MARIANNE Und keiner kann, wie er soll –

ALFRED *umarmt sie mit großer Gebärde, und sie wehrt sich mit keiner Faser – ein langer Kuß.*

MARIANNE *haucht:* Ich habs gewußt, ich habs gewußt –

ALFRED Ich auch.

MARIANNE Liebst du mich, wie du solltest –?

ALFRED Das hab ich im Gefühl. Komm, setzen wir uns. *Sie setzen sich.*
Stille.

MARIANNE Ich bin nur froh, daß du nicht dumm bist – ich bin nämlich von lauter dummen Menschen umgeben. Auch Papa ist kein Kirchenlicht* – und manchmal glaub ich, er will sich durch mich an meinem armen Mutterl selig rächen. Die war nämlich sehr eigensinnig.

ALFRED Du denkst zuviel.

MARIANNE Jetzt gehts mir gut. Jetzt möcht ich singen. Immer, wenn ich traurig bin, möcht ich singen – *Sie summt und verstummt wieder.* Warum sagst du kein Wort?
Stille.

ALFRED Liebst du mich?

MARIANNE Sehr.

ALFRED So wie du solltest? Ich meine, ob du mich vernünftig liebst?

MARIANNE Vernünftig?

ALFRED Ich meine, ob du keine Unüberlegtheiten machen wirst – denn dafür könnt ich keine Verantwortung übernehmen.

MARIANNE Oh Mann, grübl doch nicht – grübl nicht, schau die Sterne – die werden noch droben hängen, wenn wir drunten liegen –

ALFRED ⌐Ich laß mich verbrennen.⌐

MARIANNE Ich auch – du, o du – du –
Stille.

MARIANNE Du – wie der Blitz hast du in mich einge-

(ugs. scherzhaft) ist nicht sonderlich klug

schlagen und hast mich gespalten – jetzt weiß ich es aber ganz genau.

ALFRED Was?

MARIANNE Daß ich ihn nicht heiraten werde –

5 ALFRED Mariann!

MARIANNE Was hast du denn?

Stille.

ALFRED Ich hab kein Geld.

MARIANNE Oh warum sprichst du jetzt davon?!

10 ALFRED Weil das meine primitivste Pflicht ist! Noch nie in meinem Leben hab ich eine Verlobung zerstört, und zwar prinzipiell! Lieben ja, aber dadurch zwei Menschen auseinanderbringen – nein! Dazu fehlt mir das moralische Recht! Prinzipiell!

15 *Stille.*

MARIANNE Ich hab mich nicht getäuscht, du bist ein feiner Mensch. Jetzt fühl ich mich doppelt zu dir gehörig – ich paß nicht zu Oskar und basta!

Es ist inzwischen finster geworden und nun steigen in
20 *der Nähe Raketen.*

ALFRED Raketen. Deine Verlobungsraketen.

MARIANNE Unsere Verlobungsraketen.

ALFRED Und bengalisches Licht*.

MARIANNE Blau, grün, gelb, rot –

25 ALFRED Sie werden dich suchen.

MARIANNE Sie sollen uns finden – bleib mir, du, dich hat mir der Himmel gesandt, mein Schutzengel –

Jetzt gibt es bengalisches Licht – blau, grün, gelb, rot – und beleuchtet Alfred und Marianne; und den Zauber-
30 *könig, der knapp vor ihnen steht mit der Hand auf dem Herzen.*

MARIANNE *schreit unterdrückt auf.*

Stille.

ALFRED *geht auf den Zauberkönig zu:* Herr Zauberkönig –

35 ZAUBERKÖNIG *unterbricht ihn:* Schweigen Sie! Mir brau-

In ruhig-gedämpften Farben leuchtendes Licht

chen Sie nichts zu erklären, ich hab ja alles gehört – na, das ist ja ein gediegener Skandal! Am Verlobungstag –! Nacket herumliegen! ⌐Küß die Hand!¬ Mariann! Zieh dich an! Daß nur der Oskar nicht kommt – Jesus Maria und ein Stückerl Josef!

ALFRED Ich trag natürlich sämtliche Konsequenzen, wenn es sein muß.

ZAUBERKÖNIG Sie haben da gar nichts zu tragen! Sie haben sich aus dem Staube zu machen, Sie Herr! ⌐Diese Verlobung darf nicht platzen¬, auch aus moralischen Gründen nicht! Daß mir keine Seele was erfährt, Sie Halunk – Ehrenwort!

ALFRED Ehrenwort!

MARIANNE Nein!!

ZAUBERKÖNIG *unterdrückt:* Brüll nicht! Bist du daneben? Zieh dich an, aber marsch-marsch! Du ⌐Badhur!¬

OSKAR *erscheint und überblickt die Situation:* Marianne! Marianne!

ZAUBERKÖNIG Krach in die Melon!*

Stille.

ALFRED Das Fräulein Braut haben bis jetzt geschwommen.

MARIANNE Lüg nicht! So lüg doch nicht! Nein, ich bin nicht geschwommen, ich mag nicht mehr schwimmen! Ich laß mich von euch nicht mehr tyrannisieren. Jetzt ⌐bricht der Sklave seine Fessel¬ – da! *Sie wirft Oskar den Verlobungsring ins Gesicht.* Ich laß mir mein Leben nicht verhunzen*, das ist mein Leben! Gott hat mir im letzten Moment diesen Mann da zugeführt. – Nein, ich heirat dich nicht, ich heirat dich nicht, ich heirat dich nicht!! Meinetwegen soll unsere Puppenklinik verrekken, eher heut als morgen!

ZAUBERKÖNIG Das einzige Kind! Das werd ich mir merken!

Stille.

(österr. ugs.)
Es gibt
Probleme!

(ugs.)
verderben

Während zuvor Marianne geschrien hat, sind auch die
übrigen Ausflügler erschienen und horchen interessiert
und schadenfroh zu.

OSKAR *tritt zu Marianne:* Mariann, ich wünsch dir nie,
daß du das durchmachen sollst, was jetzt in mir vorgeht
– und ich werde dich auch noch weiter lieben, du entgehst mir nicht – und ich danke dir für alles. *Ab.*
Stille.

ZAUBERKÖNIG *zu Alfred:* Was sind Sie denn überhaupt?

ALFRED Ich?

VALERIE Nichts. Nichts ist er.

ZAUBERKÖNIG Ein Nichts. Das auch noch. Ich habe keine
Tochter mehr! *Ab mit den Ausflüglern – Alfred und Ma-*
rianne bleiben allein zurück; jetzt scheint der Mond.

ALFRED Ich bitte dich um Verzeihung.

MARIANNE *reicht ihm die Hand.*

ALFRED Daß ich dich nämlich nicht hab haben wollen –
dafür trägt aber nur mein Verantwortungsgefühl die
Verantwortung. Ich bin deiner Liebe nicht wert, ich
kann dir keine Existenz bieten, ich bin überhaupt kein
Mensch –

MARIANNE Mich kann nichts erschüttern. Laß mich aus
dir einen Menschen machen – du machst mich so groß
und weit –

ALFRED Und du erhöhst mich. Ich werd ganz klein vor dir
in seelischer Hinsicht.

MARIANNE Und ich geh direkt aus mir heraus und schau
mir nach – jetzt, siehst du, jetzt bin ich schon ganz weit
fort von mir – ganz dort hinten, ich kann mich kaum
mehr sehen. – Von dir möcht ich ein Kind haben –

Ende des ersten Teiles

Zweiter Teil

I

Wieder in der stillen Straße im achten Bezirk, vor Oskars Fleischhauerei, der Puppenklinik und Frau Valeries Tabak-Trafik. Die Sonne scheint wie dazumal und auch die Realschülerin im zweiten Stock spielt noch immer die »Geschichten aus dem Wiener Wald« von Johann Strauß.

HAVLITSCHEK *steht in der Tür der Fleischhauerei und frißt Wurst.*

Haushaltshilfe DAS FRÄULEIN EMMA *ein Mädchen für alles*, steht mit einer Markttasche neben ihm; sie lauscht der Musik:* Herr Havlitschek –

HAVLITSCHEK Ich bitte schön?

EMMA Musik ist doch etwas Schönes, nicht?

HAVLITSCHEK Ich könnt mir schon noch etwas Schöneres vorstellen, Fräulein Emma.

EMMA *summt leise den Walzer mit.*

HAVLITSCHEK Das tät nämlich auch von Ihnen abhängen, Fräulein Emma.

EMMA Mir scheint gar, Sie sind ein ⌜Casanova⌝, Herr Havlitschek.

HAVLITSCHEK Sagens nur ruhig ⌜Ladislaus⌝ zu mir.
Pause.

EMMA Gestern hab ich von Ihrem Herrn Oskar geträumt.

HAVLITSCHEK Haben Sie sich nix Gescheiteres träumen können?

EMMA Der Herr Oskar hat immer so große melancholische Augen – es tut einem direkt weh, wenn er einen anschaut –

HAVLITSCHEK Das macht die Liebe.

EMMA Wie meinen Sie das jetzt?

HAVLITSCHEK   Ich meine das jetzt so, daß er in ein nichts-
nutziges ⌈Frauenzimmer⌉ verliebt ist – die hat ihn nämlich sitzen lassen, schon vor einem Jahr, und ist sich mit
einem andern Nichtsnutzigen auf und davon.

5 EMMA   Und er liebt sie noch immer? Das find ich aber
schön.

HAVLITSCHEK   Das find ich blöd.

EMMA   Aber eine große Leidenschaft ist doch was Roman-
tisches –

10 HAVLITSCHEK   Nein, das ist etwas Ungesundes! Schauns
doch nur, wie er ausschaut, er quält sich ja direkt selbst –
es fällt ihm schon gar keine andere Frau mehr auf, und
derweil hat er Geld wie Heu und ist soweit auch ein
Charakter, der könnt doch für jeden Finger eine gute
15 Partie haben – aber nein! Akkurat auf die läufige Bestie
hat er sich versetzt – weiß der Teufel, was er treibt!

EMMA   Wie meinen Sie das jetzt wieder, Herr Havlitschek?

HAVLITSCHEK   Ich meine das so, daß man es nicht weiß,
wo er es hinausschwitzt.

20 EMMA   O Sie garstiger Mann!
Pause.

HAVLITSCHEK   Fräulein Emma. Morgen ist Freitag und ich
bin an der Endhaltestelle von der Linie achtundsechzig.

EMMA   Ich kann aber nicht vor drei.

25 HAVLITSCHEK   Das soll kein Hindernis sein.
Pause.

EMMA   Also um halb vier – und vergessens aber nur ja
nicht, was Sie mir versprochen haben – daß Sie nämlich
nicht schlimm sein werden, lieber Ladislaus – *Ab.*

30 HAVLITSCHEK   *sieht ihr nach und spuckt die Wursthaut
aus:* Dummes Luder, dummes –

OSKAR   *tritt aus seiner Fleischhauerei:* Daß du es nur ja
nicht vergißt: wir müssen heut noch die Sau abstechen. –
Stichs du, ich hab heut keinen Spaß daran.

35 *Pause.*

HAVLITSCHEK Darf ich einmal ein offenes Wörterl reden, Herr Oskar?

OSKAR Dreht sichs um die Sau?

HAVLITSCHEK Es dreht sich schon um eine Sau, aber nicht um dieselbe Sau. – Herr Oskar, bittschön, nehmens Ihnen das nicht so zu Herzen, das mit Ihrer gewesenen Fräulein Braut, schauns, Weiber gibts wie Mist! Ein jeder Krüppel findet ein Weib und sogar die Geschlechtskranken auch! Und die Weiber sehen sich ja in den entscheidenden Punkten alle ähnlich, glaubens mir, ich meine es ehrlich mit Ihnen! Die Weiber haben keine Seele, das ist nur äußerliches Fleisch! Und man soll so ein Weib auch nicht schonend behandeln, das ist ein Versäumnis, sondern man soll ihr nur gleich das Maul zerreißen oder so!

Pause.

OSKAR ⌈Das Weib ist ein Rätsel⌉, Havlitschek. Eine ⌈Sphinx⌉. Ich hab mal der Mariann ihre Schrift zu verschiedenen Graphologen* getragen – und der erste hat gesagt, also das ist die Schrift eines Vampirs, und der zweite hat gesagt, das ist eine gute Kameradin, und der dritte hat gesagt, das ist die ideale Hausfrau in persona. Ein Engel.

Fachmann für Deutungen der Handschrift

II

Möbliertes Zimmer im ⌈achtzehnten Bezirk⌉

Äußerst preiswert. Um sieben Uhr morgens. Alfred liegt noch im Bett und raucht Zigaretten. Marianne putzt sich bereits die Zähne. In der Ecke ein alter Kinderwagen – auf einer Schnur hängen Windeln. Der Tag ist grau und das Licht trüb.

MARIANNE *gurgelt:* Du hast mal gesagt, ich sei ein Engel. Ich habe gleich gesagt, daß ich kein Engel bin – daß ich nur ein gewöhnliches Menschenkind bin, ohne Ambitionen. Aber du bist halt ein kalter Verstandesmensch.

5 ALFRED Du weißt, daß ich kein Verstandesmensch bin.

MARIANNE Doch! *Sie frisiert sich nun.* Ich müßt mir mal die Haar schneiden lassen.

ALFRED Ich auch.

Stille.

10 Mariannderl. Warum stehst denn schon so früh auf?

MARIANNE Weil ich nicht schlafen kann.

Stille.

ALFRED Fühlst dich nicht gut in deiner Haut?

MARIANNE Du vielleicht? *Sie fixieren sich.*

15 ALFRED Wer hat mir denn die Rennplätz verleidet? Seit einem geschlagenen Jahr hab ich keinen Buchmacher* mehr gesprochen, geschweige denn einen Fachmann – jetzt darf ich mich natürlich aufhängen! Neue Saisons, neue Favoriten! Zweijährige, dreijährige* – ich hab kei-

20 nen Kontakt mehr zur neuen Generation. Und warum nicht? Weil ich ausgerechnet eine Hautcreme verschleiß*, die keiner kauft, weil sie miserabel ist!

MARIANNE Die Leut haben halt kein Geld.

ALFRED Nimm nur die Leut in Schutz!

25 MARIANNE Ich mach dir doch keine Vorwürf, du kannst doch nichts dafür.

ALFRED Das wäre ja noch schöner!

MARIANNE Als ob ich was für die wirtschaftliche Krise könnt!

30 ALFRED Oh du egozentrische Person. – Wer hat mir denn den irrsinnigen Rat gegeben, als Kosmetik-Agent* herumzurennen? Du! *Er steht auf.* Wo stecken denn meine Sockenhalter?

MARIANNE *deutet auf einen Stuhl:* Dort.

35 ALFRED Nein.

Vermittler von Wetten bei Pferderennen

Typen von Rennpferden

(österr.) Im Kleinhandel Waren verkaufen

(österr.) Vertreter für kosmetische Artikel

MARIANNE Dann auf dem Nachtkastl.

ALFRED Nein.

MARIANNE Dann weiß ich es nicht.

ALFRED Du hast es aber zu wissen!

MARIANNE Nein, genau wie Papa –

ALFRED Vergleich mich nicht immer mit dem alten Trottel!

MARIANNE Nicht so laut! Wenn das Kind aufwacht, dann
    kenn ich mich wieder nicht aus vor lauter Geschrei!
    Stille.

ALFRED Also das mit dem Kind muß auch anders werden.
    Wir können doch nicht drei Seelen hoch in diesem Loch
    vegetieren! Das Kind muß weg!

MARIANNE Das Kind bleibt da.

ALFRED Das Kind kommt weg.

MARIANNE Nein. Nie!
    Stille.

ALFRED Wo stecken meine Sockenhalter?

MARIANNE *sieht ihn groß an:* Weißt du, was das heut für
    ein Datum ist?

ALFRED Nein.

MARIANNE Heut ist der Zwölfte.
    Stille.

ALFRED Was willst du damit sagen?

MARIANNE Daß das heut ein Gedenktag ist. Heut vor einem Jahr hab ich dich zum erstenmal gesehen. In unserer Auslag.

ALFRED Ich bitt dich, red nicht immer in Hieroglyphen*!
    Wir sind doch keine Ägypter! In was für einer Auslag?

MARIANNE Ich hab grad das Skelett arrangiert und da hast
    du an die Auslag geklopft. Und da hab ich die Rouleaus
    heruntergelassen, weil es mir plötzlich unheimlich geworden ist.

ALFRED Stimmt.

MARIANNE Ich war viel allein – *Sie weint leise.*

ALFRED So flenn doch nicht schon wieder. – Schau, Marianderl, ich versteh dich ja hundertperzentig mit deinem mütterlichen Egoismus, aber es ist doch nur im Interesse unseres Kindes, daß es aus diesem feuchten Loch
herauskommt – hier ist es grau und trüb, und draußen
bei meiner Mutter in der Wachau scheint die Sonne.

MARIANNE Das schon –

ALFRED Na also!

Stille.

MARIANNE Über uns ⌜webt das Schicksal Knoten⌝ in unser
Leben – *Sie fixiert plötzlich Alfred.* Was hast du jetzt
gesagt?

ALFRED Wieso?

MARIANNE Du hast gesagt: dummes Kalb.

ALFRED Aber was!

MARIANNE Lüg nicht!

ALFRED *putzt sich die Zähne und gurgelt.*

MARIANNE Du sollst mich nicht immer beschimpfen.

Stille.

ALFRED *seift sich nun ein, um sich zu rasieren:* Liebes
Kind, es gibt eben etwas, was ich aus tiefster Seel heraus
haß – und das ist die Dummheit. Und du stellst dich
schon manchmal penetrant dumm. Ich versteh das gar
nicht, warum du so dumm bist! Du hast es doch schon
gar nicht nötig, daß du so dumm bist!

Stille.

MARIANNE Du hast mal gesagt, ⌜daß ich dich erhöh⌝ – in
seelischer Hinsicht –

ALFRED Das hab ich nie gesagt. Das kann ich gar nicht
gesagt haben. Und wenn, dann hab ich mich getäuscht.

MARIANNE Alfred!

ALFRED Nicht so laut! So denk doch an das Kind!

MARIANNE Ich hab so Angst, Alfred –

ALFRED Du siehst Gespenster.

MARIANNE Du, wenn du jetzt nämlich alles vergessen hast –

ALFRED Quatsch!

III

Kleines Café ⌐im zweiten Bezirk⌐

DER HIERLINGER FERDINAND *spielt gegen sich selbst Billard.*

ALFRED *kommt.*

DER HIERLINGER FERDINAND Servus Alfred! Na das ist
aber hübsch, daß ich dich wieder mal seh – was machst
denn für ein fades Gesicht?

ALFRED Ich bin halt sehr nervös.

DER HIERLINGER FERDINAND Nervosität ist nie gut.
Komm sei so gut und spiel mit mir, damit du auf andere
Gedanken kommst – *Er reicht ihm ein Queue**. ⌐Bis fünf-
zig⌐ und du fangst an!

ALFRED Bon*. *Er patzt.* Aus ist!

DER HIERLINGER FERDINAND *kommt dran:* Ist das jetzt
wahr, daß du wieder ein Bankbeamter geworden bist?

ALFRED Ist ja alles überfüllt!

DER HIERLINGER FERDINAND ⌐Cherchez la femme!⌐
⌐Wenn die Lieb erwacht, sitzt der Verstand im Hintern!⌐

ALFRED Mein lieber Ferdinand – hier dreht es sich nicht
um den kühlen Kopf, sondern um ein ganz anderes Or-
gan – *Er legt seine Hand aufs Herz.* Es gibt ein Märchen
von Andersen, wo der unartige Knabe* dem guten alten
Dichter mitten ins Herz schießt – Amor, lieber Ferdinand, Gott Amor!

DER HIERLINGER FERDINAND *ist in seine Serie vertieft:* Da
hätt man buserieren* solln –

ALFRED Ich bin halt ein weicher Mensch, und sie hat an
meine Jugendideale appelliert. Zuerst war ja eine gewisse normale Leidenschaftlichkeit dabei – und dann, wie
der ursprüngliche Reiz weg war, kam das Mitleid bei
mir. Sie ist halt so ein Typ, bei dem der richtige Mann
mütterlich wird, obwohl sie manchmal schon ein bos-
haftes Luder ist. Meiner Seel, ich glaub, ich bin ihr hö-
rig!

Margin notes:
(franz.) Billardstock

(franz.) Gut, in Ordnung.

»Der unartige Knabe« von Hans Christian A. (1805–1875)

Im Billard: der Kugel einen heftigen Stoß versetzen

DER HIERLINGER FERDINAND ⌜Hörigkeit⌝ ist eine Blutfrage. Eine Temperaturfrage des Blutes.

ALFRED Glaubst du?

DER HIERLINGER FERDINAND Bestimmt.

Stille.

DER HIERLINGER FERDINAND Du bist dran: Elf!

ALFRED *spielt nun.*

DER HIERLINGER FERDINAND Alfred! Weißt du aber auch, was meine Grenzen total übersteigt? Sich in der heutigen Krise auch noch ⌜ein Kind anzuschaffen⌝ –

ALFRED Gott ist mein Zeuge, daß ich nie ein Kind hab haben wollen, das hat nur sie haben wollen – und dann ist es halt so von allein gekommen. Ich wollte es ja gleich stante pede* ⌜wegmachen lassen⌝, aber sie hat sich schon direkt fanatisch dagegen gesträubt, und ich hab schon sehr energische Seiten aufziehen müssen, bis ich sie endlich so weit gehabt hab, daß sie sich der Prozedur unterzieht – kannst dir das Affentheater vorstellen! Eine kostspielige Prozedur war das, meiner Seel – und dann wars doch nur für die Katz! ⌜Pech muß der Mensch haben⌝, und das genügt!

(lat.) »stehenden Fußes«, sofort

MARIANNE *erscheint.*

ALFRED *erblickt sie und ruft ihr zu:* Setz dich nur dorthin – ich spiel hier nur meine Partie zu End!

MARIANNE *setzt sich an einen Tisch und blättert in Modejournalen.*

Stille.

DER HIERLINGER FERDINAND Ist das deine Donna*?

ALFRED Yes.

(ital.) Frau, hier: Geliebte

Stille.

DER HIERLINGER FERDINAND Also das wär deine Donna. Komisch. Jetzt lebt mein lieber guter Freund Alfred schon über ein Jahr mit so einem Frauerl zusammen und ich seh sie erst heut zum erstenmal. – Eigentlich machen das ja sonst nur die eifersüchtigen Bosniaken*, daß sie

Bewohner Bosniens und der Herzegowina

ihre Lieblingsweiber vor ihren besten Freunden wegsperren.

ALFRED Hier ist aber das Gegenteil der Fall. Nicht ich hab sie, sondern sie hat mich von meinen besten Freunden abgeriegelt –

DER HIERLINGER FERDINAND *unterbricht ihn:* Wie heißt sie denn eigentlich?

ALFRED Marianne.

Stille.

Gefällts dir?

DER HIERLINGER FERDINAND Ich hab mir sie eigentlich anders vorgestellt.

ALFRED Wieso?

DER HIERLINGER FERDINAND Etwas molliger.

ALFRED Noch molliger?

DER HIERLINGER FERDINAND Ich weiß nicht, warum. Man macht sich ja unwillkürlich so Vorstellungen.

Stille.

ALFRED Sie ist ganz schön mollig. Molliger als wie du denkst.

Stille.

DER HIERLINGER FERDINAND Scheißlich, scheißlich! Also das war schon ein grandioser Blödsinn, daß du mit der verrückten Trafikantin gebrochen hast! Du wärst heute versorgt und ohne Sorgen!

ALFRED Über die Vergangenheit zu plauschen hat keinen Sinn! Hilf mir lieber, daß ich möglichst schmerzlos für alle Teile aus dieser unglückseligen Bindung herauskomm!

DER HIERLINGER FERDINAND Das ist nicht so einfach. Ihr seid natürlich wirtschaftlich nicht auf Rosen gebettet.

ALFRED Auf Dornen, lieber Ferdinand! ⌈Auf Dornen und Brennesseln⌉, wie der alte selige ⌈Hiob⌉.

Stille.

DER HIERLINGER FERDINAND Wo steckt denn das Kind?

ALFRED Bei meiner Mutter. Draußen in der Wachau. Endlich!

DER HIERLINGER FERDINAND Das erleichtert natürlich die Lage. Ich würd halt jetzt danach trachten, daß sich deine liebe Mariann ad eins finanziell selbständig sichert – daß sie sich nämlich irgendwie in das Berufsleben einschaltet: Eine Geliebte mit Beruf unterhöhlt auf die Dauer bekanntlich jede Liebesverbindung, sogar die Ehe! Das ist doch auch ein Hauptargument unserer Kirche in ihrem ⌈Kampfe gegen die berufstätige Frau⌉, weil eine solche halt familienzerstörend wirkt – und glaubst denn du, daß die Kardinäl dumm sind? Das sind die Besten der Besten, unsere fähigsten Köpf!

ALFRED Das schon. Aber die Mariann hat doch nichts gelernt in puncto Berufsleben. Das einzige, wofür sie Interesse hat, ist die rhythmische Gymnastik.

DER HIERLINGER FERDINAND Rhythmische Gymnastik ist immer gut!

ALFRED Glaubst du?

DER HIERLINGER FERDINAND Bestimmt!

ALFRED Ich glaub, ich kann schon gar nicht mehr glauben.

DER HIERLINGER FERDINAND Rhythmische Gymnastik ist zu guter Letzt nur eine Abart der Tanzerei – und da winkt uns vielleicht ein Stern. Ich kenne nämlich auf dem Gebiete der Tanzerei eine Baronin mit internationalen Verbindungen und die stellt so Ballette* zusammen für elegante Etablissements – das wären doch eventuell Entfaltungsmöglichkeiten! Abgesehen davon, daß mir diese Baronin sehr verpflichtet ist.

> hier: (Nackt-)
> Auftritte von
> Animiermäd-
> chen

ALFRED Ich wär dir ja ewig dankbar –

DER HIERLINGER FERDINAND Ich bin dein Freund und das genügt mir! Weißt was, wenn ich jetzt gleich geh, dann erwisch ich die Baronin noch beim Bridge* – also Servus, lieber Alfred! Sei so gut und leg den Schwarzen für mich aus*! Und Kopf hoch, du hörst von mir, und es wird schon alles wieder gut! *Ab.*

> Beliebtes engl.
> Kartenspiel
>
> (österr.) bezahl
> den Kaffee

ALFRED *nähert sich mit seinem Queue langsam Marianne und setzt sich an ihren Tisch.*

MARIANNE Wer hat denn gewonnen?

ALFRED Ich habe verloren, weil ich halt Glück in der Liebe hab – *Er lächelt, starrt aber plötzlich auf ihren Hals.* Was hast denn dort?

MARIANNE Da? Das ist ein Amulett.

ALFRED Was für ein Amulett?

MARIANNE ⌐Der heilige Antonius.⌐

ALFRED Der heilige Antonius – seit wann denn?
Stille.

MARIANNE Als ich noch klein gewesen bin, und wenn ich etwas verloren hab, dann hab ich nur gesagt: Heiliger Antonius, hilf mir doch! – Und schon hab ich es wieder gefunden.
Stille.

ALFRED War das jetzt symbolisch?

MARIANNE Es war nur so überhaupt –
Stille.

ALFRED Ich für meine Person glaub ja nicht an ein Fortleben nach dem Tode, aber natürlich glaub ich an ein höheres Wesen, das gibt es nämlich sicher, sonst gäbs uns ja nicht. – Hör mal her, du heiliger Antonius, ich hätt dir was eventuell Wichtiges zu erzählen. –

IV

Bei der Baronin mit den internationalen Verbindungen

Helene, die blinde Schwester der Baronin, sitzt im Salon
improvisiert *am* ⌐Spinett⌐ *und phantasiert*. Jetzt erscheint der Hierlinger Ferdinand mit Marianne, geleitet von dem Dienstbot.*

HELENE *unterbricht ihre Phantasien:* Anna! Wer ist denn da?

DER DIENSTBOT Der gnädige Herr von Hierlinger und ein
Fräulein. *Ab.*

DER HIERLINGER FERDINAND Küß die Hand, Komteß*!

HELENE *erhebt sich und tappt auf ihn zu:* Ach guten Tag,
5 Herr von Hierlinger! Das freut mich aber, daß wir uns
wiedermal sehen –

DER HIERLINGER FERDINAND Ganz meinerseits, Komteß!
Ist die Baronin da?

HELENE Ja, meine Schwester ist zu Haus, sie hat aber grad
10 mit dem Installateur zu tun – ich hab nämlich neulich
etwas Unrechtes in den Ausguß geworfen, und jetzt ist
alles verstopft – wen habens denn da mitgebracht, Herr
von Hierlinger?

DER HIERLINGER FERDINAND Das ist eine junge Dame, die
15 ein starkes Interesse an der rhythmischen Gymnastik
hat – ich hab sie der Baronin bereits avisiert*. Darf ich
bekannt machen –

HELENE *unterbricht ihn:* Oh, sehr angenehm! Ich kann Sie
ja leider nicht sehen, aber Sie haben eine sympathische
20 Hand. – So lassens mir doch Ihre Hand, Sie Fräulein mit
der Hand –

DER HIERLINGER FERDINAND Die Komteß Helen kann
nämlich ganz exorbitant* ⌐handlesen⌐.
Stille.

25 MARIANNE Was hab ich denn für eine Hand?

HELENE *hält noch immer ihre Hand fest:* Das ist nicht so
einfach, liebes Kind, wir Blinden müssen uns nämlich
nach dem Tastgefühl orientieren. – Sie haben noch nicht
viel hinter sich, mehr vor sich –

30 MARIANNE Was denn?

BARONIN *mit kosmetischer Gesichtsmaske tritt unbe-
merkt ein und lauscht.*

HELENE Ich möcht fast sagen, das ist eine genießerische
Hand. – Sie haben doch auch ein Kind, nicht?

35 MARIANNE Ja.

(österr.) Unver-
heiratete
Gräfin

(franz.) ange-
kündigt

(lat.): außeror-
dentlich

DER HIERLINGER FERDINAND Fabelhaft! Fabelhaft!

HELENE Bub oder Mädel?

MARIANNE Bub.

Stille.

HELENE Ja, Sie werden noch viel Freud haben mit dem Buben – der wird schon noch was Richtiges –

MARIANNE *lächelt:* Wirklich?

BARONIN Helen! Was treibst denn da schon wieder für einen Unsinn! Bist doch keine Zigeunerin! Schau lieber, daß du nicht wieder das Klosett verstopfst, mein Gott, ist das da draußen eine Schweinerei! Du und Handlesen! Ist ja paradox! *Sie nimmt die Gesichtsmaske ab.*

HELENE O, ich hab meine Ahnungen!

BARONIN Hättest du lieber eine Ahnung gehabt in puncto Klosett! Die Schweinerei kostet mich wieder fünf Schilling! Wer lebt denn da, wer lebt denn da?! Ich von dir oder du von mir?!

Stille.

BARONIN Also lieber Hierlinger, das wäre also das Fräulein, über das wir vorgestern telephoniert haben.

DER HIERLINGER FERDINAND Das wäre es. *Leise.* Und bittschön: Gefälligkeit gegen Gefälligkeit.

BARONIN *droht ihm neckisch mit dem Zeigefinger:* Kleine Erpressung gefällig?

DER HIERLINGER FERDINAND Der Zeigefinger hat mir nicht gefallen, der Zeigefinger –

BARONIN Ein Ehrenmann – *Sie läßt ihn giftig stehen und geht nun um Marianne herum – betrachtet sie von allen Seiten.* Hm. Sagen Sie, Fräulein, Sie haben also starkes Interesse an der rhythmischen Gymnastik?

MARIANNE Ja.

BARONIN Und Sie möchten dieses Ihr vorhandenes Interesse praktisch auswerten?

MARIANNE Ja.

BARONIN Können Sie singen?

MARIANNE Singen?

BARONIN Ich geh von dem Grundsatz aus, daß es ein Nichtkönnen nicht gibt. Man kann alles, wenn man nur will! Die Tanzgruppen, die ich zusammenstell, sind internationale Attraktionen für erstklassige Vergnügungsetablissements. Sie können also nicht singen?

MARIANNE Leider –

BARONIN Habens denn in der Schul nicht singen gelernt?

MARIANNE Das schon.

BARONIN Na also! Ich möcht doch nur Ihre Stimm hören! Kennens denn kein Wienerlied, Sie sind doch Wienerin – irgendein Heimatlied –

MARIANNE Vielleicht das Lied von der Wachau?* Vgl. Erl. zu S. 9,3

BARONIN Also schön! Los! Das Lied von der Wachau!

MARIANNE *singt – am Spinett: Helene:*

Es kam einst gezogen ein Bursch ganz allein
Und wanderte froh in den Abend hinein.
Da flog ein Lächeln ihm zu und ein Blick.
Er dachte noch lange daran zurück.

Ein rosiges Antlitz, ein goldener Schopf,
Zwei leuchtende Augen, ein Mädchenkopf.
Das Mädel, das ging ihm nicht mehr aus dem Sinn,
Und oft sang er vor sich hin:
  Da draußen in der Wachau
  Die Donau fließt so blau,
  Steht einsam ein Winzerhaus,
  Da schaut ein Mädel heraus.
  Hat Lippen rot wie Blut,
  Und küssen kanns so gut,
  Die Augen sind veilchenblau
  Vom Mädel in der Wachau.

V
Draußen in der Wachau

Auch hier scheint die Sonne wie dazumal – nur daß nun vor dem Häuschen ein alter Kinderwagen steht.

DIE MUTTER *zu Alfred:* Er sieht dir sehr ähnlich, der kleine Leopold – und schreit auch nicht viel. Auch du warst so ein sanftes Kind. 5

ALFRED Ich freu mich nur, daß ich ihn nicht in Wien hab. Hier heraußen in der guten Luft wird er besser gedeihen, als wie drinnen in unserer Kasern*. 10

DIE MUTTER Tritt die Mariann jetzt schon auf beim Ballett?

ALFRED Nein, erst ab nächsten Samstag.
Stille.

DIE MUTTER *besorgt:* Du hast mal gesagt, wenn du ein Kind hast, dann würdest du heiraten. Ist das noch so? 15

ALFRED Du hast mal gesagt, ich könnt eine gute Partie machen.
Stille.

DIE MUTTER Natürlich ist das kein Glück, diese Verbindung. 20

ALFRED Könnt ich jetzt mal die liebe Großmutter sprechen?

DIE MUTTER Ich werds ihr gleich sagen – ich muß jetzt sowieso noch in den Keller. *Ab in das Häuschen.* 25

ALFRED *allein; er beugt sich über den Kinderwagen und betrachtet sein Kind.*

DIE GROSSMUTTER *tritt aus dem Häuschen:* Der Herr wünschen?

ALFRED Hast es dir nun überlegt? 30

DIE GROSSMUTTER Ich hab kein Geld. Solang du mit der Person zusammenlebst, hab ich kein Geld! Lebt sich da in wilder Ehe zusammen, wie in einem Hundestall, setzt

---

hier: Mietskaserne

Bankerten* in die Welt, die nur anderen zur Last fallen, und schämt sich nicht, von seiner alten Großmutter noch Geld zu verlangen! Keinen Kreuzer*! Keinen Kreuzer!

Nichteheliche Kinder

Österr. Münze; vgl. Erl. zu S. 13,25

5 ALFRED Letztes Wort?

DIE GROSSMUTTER Hundestall! Hundestall!

ALFRED Du alte Hex.
   Stille.

DIE GROSSMUTTER Was hast du gesagt?

10 ALFRED *schweigt.*

DIE GROSSMUTTER Traust es dir noch einmal zu sagen?

ALFRED Warum nicht?

DIE GROSSMUTTER So sags doch!

ALFRED Hex. Alte Hex.

15 DIE GROSSMUTTER *nähert sich ihm langsam und kneift ihn in den Arm.*

ALFRED *lächelt:* Wie bitte?

DIE GROSSMUTTER *kneift ihn:* Na wart, du wirst es schon noch spüren! Da und da und da!

20 ALFRED *schüttelt sie ab, da er nun tatsächlich was spürt:* Um mir weh zu tun, dazu gehören Leut, aber keine Frösch!

DIE GROSSMUTTER *weint vor Wut:* Gib mir mein Geld zurück, du Schuft! Mein Geld möcht ich haben, Haderlump*, Verbrecher!

(österr.) liederlicher Mensch, Taugenichts

ALFRED *lacht.*

DIE GROSSMUTTER *kreischt:* Lach nicht! *Sie versetzt ihm einen Hieb mit ihrem Krückstock.*

ALFRED Au!

30 *Stille.*

DIE GROSSMUTTER *grinst befriedigt:* Hast mich gespürt? Hast mich jetzt gespürt?

ALFRED Du Hex. Du alte Hex.

DIE GROSSMUTTER *hebt triumphierend den Krückstock.*

35 ALFRED Untersteh dich!

DIE GROSSMUTTER Hab nur keine Angst – du dummer
Bub. Oh, ich krieg dich schon noch runter – ich krieg
meine Leut schon noch runter. – Eieiei, da hängt dir ja
schon wieder ein Knopf – wie kann man sich nur mit so
einer schlamperten* Weibsperson –

ALFRED *unterbricht sie:* Also schlampert ist sie nicht!
Stille.

DIE GROSSMUTTER Sie hat einen viel zu großen Mund.

ALFRED Geschmacksach!

DIE GROSSMUTTER Wart, ich näh dir jetzt nur den Knopf
an – *Sie näht ihn an.* Was brauchst du überhaupt eine
Frau, so wie deine alte Großmutter wird dir keine den
Knopf annähen – bist es ja gar nicht wert, daß man sich
um dich sorgt – schafft sich mit dem Bettelweib auch
noch ein Kind an, ein Kind!

ALFRED Aber das kann doch vorkommen.

DIE GROSSMUTTER So ein Leichtsinn, so ein Leichtsinn!

ALFRED Du weißt doch, daß ich alle Hebel in Bewegung
gesetzt hab – aber es sollte halt nicht sein.
Stille.

DIE GROSSMUTTER Bist ein armer Teufel, lieber Alfred –

ALFRED Warum?

DIE GROSSMUTTER Daß du immer solchen Weibern in die
Händ fallen mußt –
Stille.

DIE GROSSMUTTER Du, Alfred, wenn du dich jetzt von
deinem Marianderl trennst, dann tät ich dir was leihen –
Stille.

ALFRED Wieso?

DIE GROSSMUTTER Hast mich denn nicht verstanden?
Stille.

ALFRED Wieviel?

DIE GROSSMUTTER Bist doch noch jung und schön –

ALFRED *deutet auf den Kinderwagen:* Und das dort?

DIE GROSSMUTTER An das denk jetzt nicht. Fahr nur mal
fort –

(österr.) unor-
dentlichen,
verkommenen

Geschichten aus dem Wiener Wald

Stille.

ALFRED Wohin?

DIE GROSSMUTTER ⌐Nach Frankreich⌐. Dort gehts jetzt
   noch am besten, hab ich in der Zeitung gelesen. – Wenn
5   ich jung wär, ich tät sofort nach Frankreich –

VI

Und wieder in der stillen Straße im achten Bezirk

*Es ist bereits am späten Nachmittag und die Realschülerin
im zweiten Stock spielt den »Frühlingsstimmen-Walzer«** Vgl. Erl. zu
S. 39,10
10 *von Johann Strauß.*

OSKAR *steht in der Tür seiner Fleischhauerei und mani-*
   kürt sich mit seinem Taschenmesser.

RITTMEISTER *kommt von links und grüßt Oskar.*

OSKAR *verbeugt sich.*

15 RITTMEISTER Also das muß ich schon sagen: die gestrige
   Blutwurst – Kompliment! First class!

OSKAR Zart, nicht?

RITTMEISTER Ein Gedicht. *Er nähert sich der Tabak-*
   Trafik.

20 VALERIE *erscheint in der Tür ihrer Tabak-Trafik.*

RITTMEISTER *grüßt.*

VALERIE *dankt.*

RITTMEISTER Dürft ich mal die Ziehungsliste?

VALERIE *reicht sie ihm aus dem Ständer vor der Tür.*

25 RITTMEISTER Küß die Hand! *Er vertieft sich in die Zie-*
   hungsliste und nun ist der Walzer aus.

ZAUBERKÖNIG *begleitet die gnädige Frau aus der Puppen-*
   klinik.

DIE GNÄDIGE FRAU Ich hatte hier schon mal Zinnsoldaten
30   gekauft, voriges Jahr – aber damals ist das ein sehr höf-
   liches Fräulein gewesen.

ZAUBERKÖNIG *mürrisch:* Möglich.

DIE GNÄDIGE FRAU Das Fräulein Tochter?

ZAUBERKÖNIG Ich habe keine Tochter! Ich hab noch nie eine Tochter gehabt!

DIE GNÄDIGE FRAU Schad. Also Sie wollen mir die Schachtel Zinnsoldaten nicht nachbestellen?

ZAUBERKÖNIG Ich hab das Ihnen doch schon drinnen gesagt, daß mir diese Nachbestellerei viel zu viel Schreiberei macht – wegen einer einzigen Schachtel! Kaufens doch dem herzigen Bams* was ähnliches! Vielleicht eine gediegene Trompeten!

DIE GNÄDIGE FRAU Nein! Adieu! *Sie läßt ihn verärgert stehen und ab.*

ZAUBERKÖNIG Küß die Hand! Krepier! *Ab in seine Puppenklinik.*

VALERIE *boshaft:* Was haben wir denn wieder gewonnen, Herr Rittmeister?

ERICH *tritt aus der Tabak-Trafik und will rasch ab.*

VALERIE Halt! Was hast du da?

ERICH Fünf Memphis*.

VALERIE Schon wieder? Raucht wie ein Erwachsener!

RITTMEISTER UND OSKAR *horchen.*

ERICH *gedämpft:* Wenn ich nicht rauche, kann ich nicht arbeiten. Wenn ich nicht arbeite, werde ich niemals ⌈Referendar⌉ – und wenn ich das nicht werde, dann werde ich wohl kaum jemals in die Lage kommen, meine Schulden rückerstatten zu können.

VALERIE Was für Schulden?

ERICH Das weißt du! Ich bin korrekt, Madame.

VALERIE Korrekt? Du willst mir schon wieder weh tun?

ERICH Weh tun? Ehrensache! Ich zahle meine Schulden bis auf den letzten Pfennig – und wenn ich hundert Jahr zahlen müßte! Wir lassen uns nichts nachsagen, Ehrensache! Ich muß jetzt ins Kolleg*! *Ab.*

VALERIE *starrt ihm nach:* Ehrensache. Bestie –

RITTMEISTER UND OSKAR *grinsen, jeder für sich.*

RITTMEISTER *revanchiert sich boshaft:* Und wie gehts ansonsten, liebe Frau Valerie?

ERICH *erscheint plötzlich wieder; zum Rittmeister:* Sie haben zuvor gegrinst? Herr!

VALERIE *ängstlich:* Kennen sich die Herren schon?

RITTMEISTER Vom Sehen aus –

ERICH Sie sind Österreicher? Fesch, aber feig!

VALERIE Erich!

RITTMEISTER Was hat er gesagt?

ERICH Ich habe gesagt, daß die Österreicher im Krieg schlappe Kerle waren und wenn wir Preußen nicht gewesen wären –

RITTMEISTER *fällt ihm ins Wort:* Dann hätten wir überhaupt keinen Krieg gehabt!

ERICH Und ⌈Sarajevo⌉? Und ⌈Bosnien-Herzegowina⌉?

RITTMEISTER Was wissen denn Sie schon vom Weltkrieg, Sie Grünschnabel?! Was Sie in der Schul gelernt haben und sonst nichts!

ERICH Ist immer noch besser, als alten Jüdinnen das Bridgespiel beizubringen!

VALERIE Erich!

RITTMEISTER Ist immer noch besser, als sich von alten Trafikantinnen aushalten zu lassen!

VALERIE Herr Rittmeister!

RITTMEISTER Pardon! Das war jetzt ein Fauxpas*! Ein Lapsus linguae* – *Er küßt ihre Hand.* Bedauerlich, sehr bedauerlich. Aber dieser grüne* Mensch da hat in seinem ganzen Leben noch keine fünf Groschen selbständig verdient!

ERICH Herr!

VALERIE Nur kein Duell, um Gottes willen!

ERICH Satisfaktionsfähig* wären Sie ja.

RITTMEISTER Wollen Sie vors Ehrengericht?

VALERIE Jesus Maria Josef!

(franz.) Verstoß gegen gesellschaftliche Umgangsformen

(lat.) Sprachfehler, Versprecher

unreife

Nach dem Ehrenkodex berechtigt, im Duell Genugtuung zu fordern

ERICH Ich laß mich doch nicht beleidigen!

RITTMEISTER Mich kann man gar nicht beleidigen! Sie nicht!

VALERIE Aber ich bitt euch! Nein, dieser Skandal – *Schluchzend ab in ihre Tabak-Trafik.*

RITTMEISTER Ich laß mir doch von diesem Preußen keine solchen Sachen sagen. Wo waren denn Ihre ⌐Hohen-zollern⌐, als unsere ⌐Habsburger⌐ schon ⌐römisch-deutsche Kaiser⌐ waren?! Draußen im Wald!

ERICH Jetzt ist es ganz aus. *Ab.*

RITTMEISTER *ruft ihm nach:* Da habens zwanzig Groschen und lassen Sie sich mal den Schopf abschneiden, Sie Kakadu! *Er kehrt um und will leger nach links ab – hält aber nochmals vor der Fleischhauerei; zu Oskar.* Apropos, was ich noch hab sagen wollen: Sie schlachten doch heut noch die Sau?

OSKAR Ich habs vor, Herr Rittmeister.

RITTMEISTER Geh, reservierens für mich ein schönes Stük-kerl Nieren –

OSKAR Aber gern, Herr Rittmeister!

RITTMEISTER Küß die Hand! *Ab nach links – und nun spielt die Realschülerin im zweiten Stock wieder, und zwar den Walzer »Über den Wellen«.*

ALFRED *kommt langsam von links.*

OSKAR *wollte zurück in seine Fleischhauerei, erblickt nun aber Alfred, der ihn nicht bemerkt, und beobachtet ihn heimlich.*

ALFRED *hält vor der Puppenklinik und macht in Erinne-rung – dann stellt er sich vor die offene Tür der Tabak-Trafik und starrt hinein.*
Pause.

ALFRED *grüßt.*
Pause.

VALERIE *erscheint langsam in der Tür – und der Walzer bricht wieder ab, wieder mitten im Takt.*

Stille.

ALFRED Könnt ich fünf Memphis haben?

VALERIE Nein.

Stille.

5 ALFRED Das ist aber doch hier eine Tabak-Trafik – oder?

VALERIE Nein.

Stille.

ALFRED Ich komm jetzt hier nur so vorbei, per Zufall –

VALERIE Ach!

10 ALFRED Ja.

Stille.

VALERIE Und wie geht es dem Herrn Baron?

ALFRED So lala.

VALERIE Und dem Fräulein Braut?

15 ALFRED Auch lala.

VALERIE Ach!

Stille.

ALFRED Und dir gehts unberufen?*   hier: Und bei
                                        dir ist alles in
VALERIE Man hat, was man braucht.   Ordnung?

20 ALFRED Alles?

VALERIE Alles. Er ist Jurist.

ALFRED Und so was wird mal Advokat.

VALERIE Bitte?

ALFRED Ich gratulier.

25 *Stille.*

VALERIE Wo steckt denn die arme Mariann?

ALFRED Ich werd sie wohl aus den Augen verlieren –

Stille.

VALERIE Also du bist schon ein grandioser Schuft, das

30 muß dir dein größter Feind lassen.

ALFRED Valerie. ⌈Wer unter euch ohne Sünden ist⌉, der

werfe den ersten Stein auf mich.

VALERIE Bist du krank?

ALFRED Nein. Nur müd. Und gehetzt. Man ist ja nicht

35 mehr der Jüngste.

VALERIE Seit wann denn?

ALFRED Ich fahr noch heut abend nach Frankreich. Nach Nancy. Ich denk nämlich, daß ich dort vielleicht was Passenderes für mich bekommen werd, in der Speditionsbranche – hier müßt ich heut nämlich zu sehr unter mein Niveau herunter.

VALERIE Und was machen denn die Pferdchen?

ALFRED Keine Ahnung! Und dann fehlt mir auch das Kapital –

Stille.

VALERIE Wenn ich Zeit hab, werd ich dich bedauern.

ALFRED Möchst, daß es mir schlecht geht?

VALERIE Gehts dir denn rosig?

ALFRED Möchst das hören?

Stille.

ALFRED Ich bin jetzt hier nur so vorbeigegangen, per Zufall – so aus einer wehmütigen Melancholie heraus – an die Stätten der Vergangenheit – *Ab – und nun wird der Walzer »Über den Wellen« wieder weitergespielt.*

VALERIE *erblickt Oskar:* Herr Oskar! Jetzt ratens doch mal, mit wem ich grad dischkuriert* hab?

OSKAR Ich hab ihn gesehen.

VALERIE So? Es geht ihnen schlecht.

OSKAR Ich hab alles gehört.

Pause.

VALERIE Noch ist er ⌈stolz wie ein Spanier⌉ –

OSKAR ⌈Hochmut kommt vor dem Fall.⌉ – Arme Mariann –

VALERIE Mir scheint gar, Sie sind imstand und heiraten noch die Mariann, jetzt nachdem sie wieder frei ist –

OSKAR Wenn sie das Kind nicht hätt –

VALERIE Wenn mir jemand das angetan hätt –

OSKAR Ich hab sie noch immer lieb – vielleicht stirbt das Kind –

VALERIE Herr Oskar!

OSKAR Wer weiß! ⌈Gottes Mühlen mahlen langsam, mah-

(österr. ugs.)
diskutiert

Geschichten aus dem Wiener Wald

len aber furchtbar klein.⌉ Ich werd an meine Mariann
denken – ich nehme jedes Leid auf mich, ⌈wen Gott liebt,
den prüft er⌉. – Den straft er. Den züchtigt er. Auf glü-
hendem Rost, in kochendem Blei –

5 VALERIE *schreit ihn an:* Hörens auf, seiens so gut!
OSKAR *lächelt.*
HAVLITSCHEK *kommt aus der Fleischhauerei:* Also was ist
jetzt? Soll ich jetzt die Sau abstechen oder nicht?
OSKAR Nein, Havlitschek. Ich werd sie jetzt schon selber
10 abstechen, die Sau –
Jetzt läuten die Glocken.

VII
Im ⌈Stephansdom⌉

Vor dem Seitenaltar des heiligen Antonius.* ⌈Marianne   Vgl. Erl. zu S. 54,9
15 *beichtet⌉. Die Glocken verstummen und es ist sehr still auf*
der Welt.

BEICHTVATER Also rekapitulieren wir: Du hast deinem
armen alten Vater, der dich über alles liebt und der doch
immer nur dein Bestes wollte, schmerzlichstes Leid zu-
20 gefügt, Kummer und Sorgen, warst ungehorsam und
undankbar – hast deinen braven Bräutigam verlassen
und hast dich an ein verkommenes Subjekt geklammert,
getrieben von deiner ⌈Fleischeslust⌉ – still! Das kennen
wir schon! Und so lebst du mit jenem erbärmlichen In-
25 dividuum ohne das ⌈heilige Sakrament der Ehe⌉ schon
über das Jahr, und in diesem grauenhaften Zustand der
⌈Todsünde⌉ hast du dein Kind empfangen und geboren –
wann?
MARIANNE Vor acht Wochen.
30 BEICHTVATER Und du hast dieses Kind der Schande und
der Sünde nicht einmal taufen lassen. – Sag selbst: kann

denn bei all dem etwas Gutes herauskommen? Nie und nimmer! Doch nicht genug! Du bist nicht zurückgeschreckt und hast es sogar in deinem Mutterleib töten wollen –

MARIANNE Nein, das war er! Nur ihm zulieb hab ich mich dieser Prozedur unterzogen!

BEICHTVATER Nur ihm zulieb?

MARIANNE Er wollte doch keine Nachkommen haben, weil die Zeiten immer schlechter werden und zwar voraussichtlich unabsehbar – aber ich – nein, das brennt mir in der Seele, daß ich es hab abtreiben wollen, ein jedesmal, wenn es mich anschaut –

Stille.

BEICHTVATER Ist das Kind bei euch?

MARIANNE Nein.

BEICHTVATER Sondern?

MARIANNE Bei Verwandten. Draußen in der Wachau.

BEICHTVATER Sind das gottesfürchtige Leut?

MARIANNE Gewiß.

Stille.

BEICHTVATER ⌈Du bereust es also⌉, daß du es hast töten wollen?

MARIANNE Ja.

BEICHTVATER Und auch, daß du mit jenem entmenschten Subjekt in wilder Ehe zusammenlebst?

Stille.

MARIANNE Ich dachte mal, ich hätte den Mann gefunden, der mich ganz und gar ausfüllt. –

BEICHTVATER Bereust du es?

Stille.

MARIANNE Ja.

BEICHTVATER Und daß du dein Kind im Zustand der Todsünde empfangen und geboren hast – bereust du das?

Stille.

MARIANNE Nein. Das kann man doch nicht –

BEICHTVATER Was sprichst du da?

MARIANNE Es ist doch immerhin mein Kind –

BEICHTVATER Aber du –

5 MARIANNE *unterbricht ihn:* Nein, das tu ich nicht. – Nein, davor hab ich direkt Angst, daß ich es bereuen könnt. – Nein, ich bin sogar glücklich, daß ich es hab, sehr glücklich –

Stille.

10 BEICHTVATER Wenn du nicht bereuen kannst, was willst du dann von deinem Herrgott?

MARIANNE Ich dachte, mein Herrgott wird mir vielleicht etwas sagen –

BEICHTVATER Du kommst also nur dann zu Ihm, wenn es
15 dir schlecht geht?

MARIANNE Wenn es mir gut geht, dann ist Er ja bei mir – aber nein, das kann Er doch nicht von mir verlangen, daß ich das bereu – das wär ja wider jede Natur –

20 BEICHTVATER So geh! Und komme erst mit dir ins reine, ehe du vor unseren Herrgott trittst. – *Er schlägt das Zeichen des Kreuzes.*

MARIANNE Dann verzeihen Sie. – *Sie erhebt sich aus dem Beichtstuhl, der sich nun auch in der Finsternis auflöst –*
25 *und nun hört man das Gemurmel einer Litanei*; all-*   Bittgebet
mählich kann man die Stimme des Vorbeters von den Stimmen der Gemeinde unterscheiden; Marianne lauscht – die Litanei endet mit einem Vaterunser; Marianne bewegt die Lippen.

30 *Stille.*

MARIANNE Amen.

Stille.

MARIANNE Wenn es einen lieben Gott gibt – ⌜was hast du mit mir vor, lieber Gott?⌝ – Lieber Gott, ich bin im ach-
35 ten Bezirk geboren und hab die ⌜Bürgerschul⌝ besucht,

ich bin kein schlechter Mensch – hörst du mich? – Was hast du mit mir vor, lieber Gott? –
Stille.

Ende des zweiten Teiles

Dritter Teil

I
Beim ⌐Heurigen⌐

Mit ⌐Schrammelmusik⌐ und Blütenregen. Große weinselige
5 *Stimmung – und mittendrunterdrin der Zauberkönig, Va-*
lerie und Erich.

ALLES *singt:*
Da draußen in der Wachau*   Vgl. Erl. zu
Die Donau fließt so blau,   S. 9,3
10 Steht einsam ein Winzerhaus,
Da schaut ein Mädel heraus.
Hat Lippen rot wie Blut,
Und küssen kanns so gut,
Die Augen sind veilchenblau
15 Vom Mädel in der Wachau.

⌐Es wird ein Wein sein⌐,
Und wir werden nimmer sein.
Es wird schöne Madeln geben,
Und wir werden nimmer leben –

20 *Jetzt wirds einen Augenblick totenstill beim Heurigen –*
aber dann singt wieder alles mit verdreifachter Kraft.

⌐Drum gehn wir gern nach Nußdorf naus,⌐
Da gibts a Hetz*, a Gstanz*,   (österr.) Spaß
Da hörn wir ferne Tanz,   (österr.) Spaß
25 Da laß ma fesche Jodler naus
Und gengan in der Fruah
Mitn Schwomma* zhaus, mitn Schwomma zhaus!   (österr.)
                                                   Schwips

Begeisterung; Applaus; zwischen den Tischen wird getanzt, und zwar auf den ⌜Radetzkymarsch⌝. – Alles ist nun schon ziemlich benebelt.

ZAUBERKÖNIG Bravo, bravissimo! Heut bin ich wieder der alte! Da capo, da capo! *Er greift einem vorübertanzenden Mädchen auf die Brüste.*

DER KAVALIER DES MÄDCHENS *schlägt ihm auf die Hand:* Hand von der Putten!*

(österr.) Hände weg von den Brüsten!

DAS MÄDCHEN Das sind doch meine Putten!

ZAUBERKÖNIG Putten her, Putten hin! Ein jeder Erwachsene hat seine Sorgen, und heut möcht ich alles vergessen! ⌜Heut kann mich⌝ die ganze Welt!

ERICH Mal herhören, Leute! Ich gestatte mir hiermit auf den famosen Wiener Heurigen ein ganz exorbitantes Heil – *Er verschüttet seinen Wein.*

VALERIE Nicht so stürmisch, junger Mann! Meiner Seel, jetzt hat er mich ganz bespritzt!

ERICH Aber das kann doch vorkommen! Ehrensache!

(österr.) Unbeholfener Mensch

ZAUBERKÖNIG Hat er dich naßgemacht? Armes Waserl*!

VALERIE Durch und durch – bis auf die Haut.

ZAUBERKÖNIG Bis auf deine Haut –

VALERIE Bist du a schon narrisch?

ERICH Stillgestanden! *Er knallt die Hacken zusammen und steht still.*

ZAUBERKÖNIG Was hat er denn?

VALERIE Das bin ich schon gewöhnt. Wenn er sich besoffen hat, dann kommandiert er sich immer selber.

ZAUBERKÖNIG Wie lang daß der so still stehen kann. – Stramm! Sehr stramm! Respekt! Es geht wieder aufwärts mit uns! *Er fällt unter den Tisch.*

VALERIE Jesus Maria!

ZAUBERKÖNIG Der Stuhl ist zerbrochen – einen anderen Stuhl, Herr Ober! He, einen anderen Stuhl!! *Er singt mit der Musik.* ⌜Ach, ich hab sie ja nur auf die Schulter geküßt – und schon hab ich den Patsch verspürt mit dem Fächer ins Gesicht –⌝

DER OBER *bringt nun eine Riesenportion Salami.*

VALERIE Salami, Erich! Salami!

ERICH Division! Rührt euch! *Er langt mit der Hand in die Schüssel und frißt exorbitant.*

5 ZAUBERKÖNIG Wie der frißt!

VALERIE Gesegnete Mahlzeit!

ZAUBERKÖNIG Friß nicht so gierig!

VALERIE Er zahlts ja nicht!

ZAUBERKÖNIG Und singen kann er auch nicht!

10 *Pause.*

VALERIE *zu Erich:* Warum singst du eigentlich nicht?

ERICH *mit vollem Munde:* Weil ich doch an meinem chronischen Rachenkatarrh leide!

VALERIE Das kommt vom vielen Rauchen!

15 ERICH *brüllt sie an:* Schon wieder?!

RITTMEISTER *taucht auf; mit einem Papierhütchen und in gehobener Stimmung:* Küß die Hand, schöne Frau Valerie! A, das ist aber ein angenehmer Zufall! Habe die Ehre, Herr Zauberkönig!

20 ZAUBERKÖNIG Prost, Herr Rittmeister! Prost, lieber Herr von Rittmeister. – *Er leert sein Glas und verfällt in wehmütigen Stumpfsinn.*

VALERIE Darf ich Ihnen etwas von meiner Salami, Herr Rittmeister?

25 ERICH *bleibt der Brocken im Munde stecken; er fixiert gehässig den Rittmeister.*

RITTMEISTER Zu gütig, küß die Hand! Danke nein, ich kann unmöglich mehr – *Er steckt sich zwei dicke Scheiben in den Mund.* Ich hab heut nämlich schon zweimal
30 genachtmahlt*, weil ich Besuch hab – ich sitz dort hinten in der Gesellschaft. Ein Jugendfreund meines in Sibirien vermißten Bruders – ein Amerikaner.

VALERIE Also ein Mister!

RITTMEISTER Aber ein geborener Wiener! Zwanzig Jahr
35 war der jetzt drüben in den Staaten, nun ist er zum er-

(österr.) zu Abend gegessen

stenmal wieder auf unserem Kontinent. Wie wir heut
vormittag durch die ⌐Hofburg⌐ gefahren sind, da sind
ihm die Tränen in den Augen gestanden. – Er ist ein
Selfmademan. Selbst ist der Mann!

VALERIE Oh, Sie Schlimmer!

RITTMEISTER Ja. Und jetzt zeig ich ihm sein Wien – schon
den zweiten Tag – wir kommen aus dem Schwips schon
gar nicht mehr raus –

VALERIE Stille Wasser sind tief.

RITTMEISTER Nicht nur in Amerika.

ERICH *scharf*: Tatsächlich?
Pause.

VALERIE *nähert sich Erich*: Daß du parierst – und halts
Maul, sonst schmier ich dir eine. – Wenn du schon meine
Salami frißt, dann kannst du mir auch entgegenkom-
men –

ERICH Diese Randbemerkung ehrt Ihre niedrige Gesinnung, Gnädigste!

VALERIE Bleib!

ERICH Stillgestanden! Division –

VALERIE Halt!

ERICH Division – marsch! *Ab.*

VALERIE *ruft ihm nach*: Herstellt euch! Herstellt euch!
Totenstille.

RITTMEISTER Wer ist denn das überhaupt?

VALERIE *tonlos*: Das ist eine ganze Division. Ich werd ihn
wohl bald ganz lassen – ich sehs schon direkt wieder
kommen – und dann ist er mit dem dort – *sie deutet auf
den Zauberkönig* – entfernt verwandt –
Jetzt gibts wieder Musik.

RITTMEISTER Apropos verwandt. – Sagens mal, Frau
Valerie, finden Sie das für in Ordnung, wie Seine Maje-
stät der Herr Zauberkönig das Fräulein Mariann behan-
delt – ich versteh so was nicht. Wenn ich Großpapa wär –
und abgesehen davon, ma kann doch leicht straucheln*.
Aber dann direkt verkommen lassen –

scheitern, auf
die schiefe
Bahn geraten

74   Geschichten aus dem Wiener Wald

VALERIE Wissen Sie was Näheres, Herr Rittmeister?

RITTMEISTER Ich hab mal eine Frau Oberst* gehabt, das
heißt: das ganze Regiment hat sie gehabt – was sag ich
da?! Sie war die Frau unseres Obersten – und der Oberst
5 hatte ein uneheliches Kind mit einer vom Varieté, aber
die Frau Oberst hat es in ihr Haus genommen, als wärs
ihr eigen Fleisch und Blut, weil sie halt unfruchtbar war.
– Aber wenn man daneben dieses zauberkönigliche Verhalten dort drüben betrachtet – na Servus*!

10 VALERIE Ich versteh Sie nicht, Herr Rittmeister. Was hat
denn die Frau Oberst mit der Mariann zu tun?

RITTMEISTER Wir verstehen uns alle nicht mehr, liebe
Frau Valerie! Oft verstehen wir uns schon selber nicht
mehr.

15 VALERIE Wo steckt denn die Mariann?

RITTMEISTER *lächelt geheimnisvoll:* Das wird man schon
noch mal offiziell bekanntgeben – im geeigneten Moment.

DER MISTER *erscheint; er ist besoffen:* Oh lieber guter
20 Freund – was seh ich da? Gesellschaft? Freunde? Stell
mich vor, bitte. – Du lieber guter Freund. – *Er umarmt
den Rittmeister.*

ZAUBERKÖNIG *erwacht aus seinem Stumpfsinn:* Wer ist
denn das?

25 RITTMEISTER Das ist mein lieber Mister aus Amerika!

DER MISTER Amerika! New York! Chicago und Sing-
Sing*! – Äußerlich ja, aber da drinnen klopft noch das
alte biedere treue goldene Wiener Herz, das ewige Wien
– und die Wachau – und die Burgen an der blauen Do-
30 nau. – *Er summt mit der Musik.* Donau so blau, so blau,
so blau –

ALLE *summen mit und wiegen sich auf den Sitzgelegen-
heiten.*

DER MISTER Meine Herrschaften, es hat sich vieles verän-
35 dert in der letzten Zeit, Stürme und Windhosen sind

Höchster
Dienstgrad der
Stabsoffiziere

(österr.) nein
danke!

Amerik.
Staatsge-
fängnis nördl.
von New York

über die Erde gebraust, Erdbeben und Tornados, und
ich hab ganz von unten anfangen müssen, aber hier bin
ich zhaus, hier kenn ich mich aus, hier gefällt es mir, hier
möcht ich sterben! Oh du mein lieber altösterreichischer
Herrgott aus ⌐Mariazell⌐!   5
Er singt.
⌐Mein Muatterl war a Wienerin⌐,
Drum hab ich Wien so gern.
Sie wars, die mit dem Leben mir
Die Liebe hat gegeben   10
Zu meinem anzigen* goldenen Wean!

(österr.)
einzigen

ALLES *singt:*
⌐Wien, Wien, nur du allein⌐
Sollst stets die Stadt meiner Träume sein,
Dort, wo ich glücklich und selig bin,   15
Ist Wien, ist Wien, mein Wien!

DER MISTER Wien soll leben! Die Heimat! Und die schönen Wiener Frauen! Und der Heimatgedanke! Und wir
Wiener sollen leben – alle, alle!

ALLE Hoch! Hoch! Hoch!   20
Allgemeines Saufen.

ZAUBERKÖNIG *zu Valerie:* Und die schönen Wiener Frau-
en, du stattliche Person – dich hätt ich heiraten sollen,
mit dir hätt ich ein ganz ein anderes Kind gekriegt –

VALERIE Red nicht immer von Irene! Ich hab sie nie aus-   25
stehen können!

DER MISTER Wer ist Irene?

ZAUBERKÖNIG Irene war meine Frau.

DER MISTER Oh, Pardon!

ZAUBERKÖNIG Oh, bitte – und warum soll ich denn nicht 30
auf die Iren schimpfen? Bloß weil sie schon tot ist? Mir
hat sie das ganze Leben verpatzt!

VALERIE Du bist ein dämonischer Mensch!

ZAUBERKÖNIG *singt:*
⌐Mir ist mei Alte gstorbn⌐,   35

Drum ist mirs Herz so schwer.
A so a gute Seel
Krieg ich nöt mehr,
Muß so viel wana*,   (österr.)
5   Das glaubt mir kana,   weinen
Daß ich mich kränk,
Wenn ich an mei Alte denk! Hallo!

DER MISTER *schnellt empor:* Hallo! Hallo! Wenn mich
nicht alles täuscht, so fängt es jetzt an zu regnen! Aber
10   wir lassen uns vom Wetter nichts dreinreden! Heut wird
noch gebummelt und wenns Schusterbuben regnen soll-   (österr. ugs.)
te*! Wir lassen und lassen uns das nicht gefallen! *Er*   wenn es heftig
droht mit dem Zeigefinger nach dem Himmel. Oh du   regnen sollte
regnerischer Himmelvater du! Darf ich euch alle einla-
15   den? Alle, alle!!

ALLE   Bravo, bravo!

DER MISTER   Also auf! Vorwärts! Mir nach!

VALERIE   Wohin?

DER MISTER   Irgendwohin! Wo wir einen Plafond* über   (österr.)
20   uns haben! Wo wir nicht so direkt unterm Himmel sit-   Zimmerdecke
zen! Ins ⌈Moulin-bleu⌉!
Starker Applaus.

RITTMEISTER   Halt! Nicht ins Moulin-bleu, liebe Leutl!
Dann schon eher ins ⌈Maxim⌉!
25   *Und wieder wird es einen Augenblick totenstill.*

ZAUBERKÖNIG   Warum denn ins Maxim?

RITTMEISTER   Weil es dort ganz besondere Überraschungen geben wird.

ZAUBERKÖNIG   Was für Überraschungen?

30   RITTMEISTER   Pikante. Sehr pikante –
Stille.

ZAUBERKÖNIG   Also auf ins Maxim!

ALLE   Ins Maxim! *Sie marschieren mit aufgespannten Re-*
genschirmen und singen.
35   ⌈Vindobona, du herrliche Stadt⌉,

Die so reizende Anlagen hat,
Dir gehört stets nur unser Sinn.
Ja zu dir, da ziagts uns hin,
San ma a von dir oft fern,
Denkn ma do ans liebe Wean,   5
Denn du bleibst die Perle von Österreich,
Dir ist gar ka Stadt net gleich!

⌐Die Mizzi und der Jean⌐
Gehn miteinander drahn*,
Wir sind ja nicht aus Stroh,   10
Sind jung und lebensfroh,
Net immer Schokoladi,
Heut gehen wir zum »Brady«*
Oder zum »Maxim«
Heut sind wir einmal schlimm!   15

⌐Jetzt trink ma noch a Flascherl Wein⌐,
Hollodero!
Es muß ja nöt das letzte sein
Hollodero!
Und ist das gar, gibts ka Geniern*,   20
Hollodero!
So tun wir noch
mal repetiern, aber
noch mal repetiern!

Gong. – Die Bühne verwandelt sich nun ins »Maxim« –   25
mit einer Bar und ⌐*Separées*⌐*; im Hintergrunde eine Ka-*
barettbühne mit breiter Rampe. – Alles schließt die Re-
genschirme und nimmt nun Platz an den Tischen, und
zwar in aufgeräumtester Stimmung.

DER CONFERENCIER *tritt vor den Vorhang:* Meine Sehr-   30
verehrten! Meine Herrschaften! Entzückende Damen
und noch entzückendere Herren!

VALERIE Oho!

(österr. ugs.)
Sich die Nacht
um die Ohren
schlagen

Wiener Tanz-
lokal

(österr.) keine
Hemmungen

Gelächter.

DER CONFERENCIER Ich begrüße Sie auf das allerherzlich-
ste im Namen meiner Direktion! Schon Johann Wolfgang von Goethe, der Dichterfürst, sagt in seinem Mei-
5 sterwerk, unserem unsterblichen Faust: ⌐Was du ererbt
von deinen Vätern hast, erwirb es, um es zu besitzen!⌐ In
diesem Sinne, meine Sehrverehrten: Nummer auf Nummer! Das ist Tradition, meine Sehrverehrten! Und nun
bitte, treten Sie ein mit uns in den Himmel der Erinne-
10 rung! –

Und nun erklingt der Walzer ⌐»*Wiener Blut*«⌐ *von Jo-*
hann Strauß, der Vorhang hebt sich, und einige Mäd-
chen in Alt-Wienertracht tanzen den Walzer – dann fällt
wieder der Vorhang; rasende Begeisterung im Publi-
15 *kum, und die Musik spielt nun den* ⌐*Hoch- und Deutsch-*
meistermarsch⌐.

ZAUBERKÖNIG *zum Rittmeister:* Aber was redens denn da,
Herr? Also das steht doch schon felsenfest, daß wir
⌐Menschen mit der Tierwelt⌐ verwandt sind!

20 RITTMEISTER Das ist Auffassungssache!

ZAUBERKÖNIG Oder glaubens denn gar noch an Adam
und Eva?

RITTMEISTER Wer weiß!

DER MISTER *zu Valerie:* Du Wildkatz!

25 ZAUBERKÖNIG Wildkatz! Oder gar ein Leopard!

VALERIE Prost Zauberkönig!

ZAUBERKÖNIG Der Herr Rittmeister sind ein Fabelwesen,
und du hast was von einem Känguruh an dir, und der
Mister ist ein japanischer Affenpintscher!

30 DER MISTER *lacht keineswegs:* Fabelhafter Witz, fabelhafter Witz!

ZAUBERKÖNIG Na und ich?!

VALERIE Ein Hirsch! Ein alter Hirsch! Prost, alter Hirsch!
Brüllendes Gelächter – nun klingelt das Tischtelephon.
35 *Stille.*

ZAUBERKÖNIG *am Apparat:* Ja hallo! – Wie? Wer spricht? Mausi? – Mausi kenn ich nicht, wie? – Ach so! Jaja, das bin ich schon, ich bin schon dein Onkel. – was soll ich? A du Schweinderl, du herziges! – Wo? An der Bar? Im grünen Kleid? – Was? Du bist noch eine Jungfrau? Und das soll dir dein Onkel glauben? Na ich werd das mal nachkontrollieren. – Bussi, Bussi! – *Er hängt ein und leert sein Glas Schampus, den der Mister hat auffahren lassen.*

VALERIE Trink nicht so viel, Leopold!

(österr. ugs.)
Du kannst
mich mal!

ZAUBERKÖNIG Du kannst mir jetzt auf den Hut steigen!* *Er erhebt sich.* Für uns alte Leut ist ja der Alkohol noch die einzige Lebensfreud! Wo ist die Bar?

VALERIE Was für eine Bar?

ZAUBERKÖNIG Wo ist die Bar, Kruzitürken?!

RITTMEISTER Ich werd Sie hinführen –

ZAUBERKÖNIG Ich find schon selber hin – ich brauch keinen Kerzenhalter! Kommens, führens mich! *Er läßt sich vom Rittmeister an die Bar führen, wo ihn bereits zwei Mädchen erwarten – die eine im grünen Kleid nimmt ihn gleich herzlichst in Empfang; auch der Rittmeister bleibt an der Bar.*

DER MISTER *zu Valerie:* Was ist der Herr eigentlich?

VALERIE Ein Zauberkönig.

DER MISTER Ach!

VALERIE Ja. Sonst ist er ja ein seltener Mensch, bescheiden und anständig, der echte Bürger vom alten Schlag. – Diese Sorte stirbt nämlich aus.

DER MISTER Leider!

VALERIE Heut ist er ja leider besoffen –

DER MISTER Wie Sie das wieder sagen! Was für ein Charme! Bei uns in Amerika ist halt alles brutaler.

VALERIE Was wiegen Sie?

DER MISTER Zweihundertachtzehn Pfund.

VALERIE Oh Gott!

DER MISTER Darf ich ganz offen sein?

VALERIE Man bittet darum.

DER MISTER Ich bin kompliziert.

VALERIE Wieso?

5 DER MISTER Ich bin nämlich innerlich tot. Ich kann halt
nur mehr mit den Prostituierten was anfangen – das
kommt von den vielen Enttäuschungen, die ich schon
hinter mir hab.

VALERIE Jetzt so was. Eine so zarte Seele in so einem
10 mächtigen Körper –

DER MISTER Ich habe den ⌐Saturn als Planeten⌐.

VALERIE Ja, diese Planeten! Da hängt man damit zusammen und kann gar nichts dafür!

Gong.

15 DER CONFERENCIER *tritt vor den Vorhang:* Meine Sehrverehrten! Und abermals gibts eine herrliche Nummer!
Was soll ich viele Worte machen, urteilen Sie selbst über
unsere sensationellen, von ersten Künstlern entworfe-
nen, hochkünstlerischen ⌐lebendigen Aktplastiken⌐. Als
20 erstes: Donaunixen! Darf ich bitten, Herr Kapellmeister!

*Die Kapelle spielt nun den Walzer »An der schönen
blauen Donau*«, und es wird stockfinster im Zuschauerraum; dann teilt sich der Vorhang, und man sieht drei*
25 *halbnackte Mädchen, deren Beine in Schwanzflossen
stecken. – Eine hält eine Leier in der Hand – alle sind
malerisch gruppiert vor einem schwarzen Vorhang im
grünen Scheinwerferlicht: von der Bar her hört man des
Zauberkönigs Stimme: »Nackete Weiber, sehr richtig!«*
30 *– Der Vorhang schließt sich, starker Applaus.*

Gong.

DER CONFERENCIER *erscheint wieder vor dem Vorhang:*
Das zweite Bild: unser ⌐Zeppelin⌐!

Bravorufe.

35 DER CONFERENCIER Darf ich bitten, Herr Kapellmeister!

Vgl. Erl. zu
S. 9,11

Und nun ertönt der ⌜*»Fridericus rex«*⌝ *– und auf der
Bühne stehen drei nackte Mädchen – die erste hält einen
Propeller in den Händen, die zweite einen Globus und
die dritte einen kleinen Zeppelin – das Publikum rast
vor Beifall, schnellt von den Sitzen in die Höhe und singt* 5
die ⌜*erste Strophe des Deutschlandliedes*⌝*, worauf es sich
wieder beruhigt.*
Gong.

DER CONFERENCIER *wieder vor dem Vorhang:* Und nun,
meine Sehrverehrten, das dritte Bild: ⌜*»Die Jagd nach* 10
dem Glück.«⌝
Totenstille.

DER CONFERENCIER Darf ich bitten, Herr Kapellmeister –
Die ⌜*»Träumerei« von Schumann*⌝ *erklingt und der Vorhang teilt sich zum dritten Male – eine Gruppe nackter* 15
*Mädchen, die sich gegenseitig niedertreten, versucht ei-
ner goldenen Kugel nachzurennen, auf welcher das
Glück auf einem Bein steht – das Glück ist ebenfalls
unbekleidet und heißt Marianne.*

VALERIE *schreit gellend auf im finsteren Zuschauerraum:* 20
Marianne! Jesus Maria Josef! Marianne!!

MARIANNE *erschrickt auf ihrer Kugel, zittert, kann das
Gleichgewicht nicht mehr halten, muß herab und starrt,
geblendet vom Scheinwerfer, in den dunklen Zuschauerraum.* 25

DER MISTER Was denn los?!

VALERIE *außer sich:* Marianne, Marianne, Marianne!!

DER MISTER *wird wütend* Brüll nicht! Bist denn plem-
plem?!

VALERIE Marianne! 30

DER MISTER Kusch!* Da hast du deine Marianne! *Er boxt
ihr in die Brust.*

(österr.) Halt's
Maul, sei still!

VALERIE *schreit.*
Große Unruhe im Publikum; Rufe: »Licht! Licht!«

DER CONFERENCIER *stürzt auf die Bühne:* Vorhang! Was 35
ist denn los?! Licht! Vorhang! Licht!

*Der Vorhang fällt vor der starr in den Zuschauerraum
glotzenden Marianne, die übrigen Mädchen sind bereits
unruhig ab – und nun wird es Licht im Zuschauerraum
und wieder für einen Augenblick totenstill. Alles starrt*
5 *auf Valerie, die mit dem Gesicht auf dem Tisch liegt,
hysterisch und besoffen, weint und schluchzt.*

ZAUBERKÖNIG *steht an der Bar und hält die Hand auf sein
Herz.*

VALERIE *wimmert:* Die Mariann – die Mariann – die liebe
10 kleine Mariann – oh, oh, oh – ich hab sie ja schon ge-
kannt, wie sie noch fünf Jahre alt war, meine Herren!

DER CONFERENCIER Von wem redet sie da?

DER MISTER Keine Ahnung!

DER CONFERENCIER Hysterisch?

15 DER MISTER Epileptisch*!

EINE GEMÜTLICHE STIMME So werfts es doch naus, die
besoffene Bestie!

VALERIE Ich bin nicht besoffen, meine Herren! Ich bin das
nicht – nein, nein, nein! *Sie schnellt empor und will hin-*
20 *auslaufen, stolpert aber über ihre eigenen Füße, stürzt
und reißt einen Tisch um – jetzt hat sie sich blutig geschlagen.* Nein, das halt ich nicht aus, ich bin doch nicht
aus Holz, ich bin doch noch lebensfroh, meine Herren –
das halt ich nicht aus, das halt ich nicht aus!

25 *Sie rast brüllend nach Haus.*

ALLE *außer dem Zauberkönig, sehen ihr perplex nach.
Stille, dann: Gong.*

DER CONFERENCER *springt auf einen Stuhl:* Meine Sehrverehrten! Damen und Herren! Das war nun der Schluß
30 unseres offiziellen Programms – und nun beginnt in der
Bar der inoffizielle Teil! *Man hört aus der Bar die Tanzmusik.* Im Namen meiner Direktion danke ich Ihnen für
den zahlreichen Besuch und wünsche Ihnen eine recht
gute Nacht! Auf Wiedersehen, meine Herrschaften!

35 DIE HERRSCHAFTEN *räumen allmählich das Lokal.*

Zu krank-
haften, plötz-
lich einset-
zenden
Krämpfen
neigend

ZAUBERKÖNIG Herr Rittmeister –

RITTMEISTER Bitte?

ZAUBERKÖNIG Also deshalb wollten Sie nicht ins Moulin-
bleu, sondern hier. – Das waren also Ihre bewußten pi-
kanten Überraschungen, ich hab gleich so eine komische 5
Aversion* gehabt – so eine Ahnung, daß mir nichts Gutes bevorsteht –

RITTMEISTER Ich wußte es, daß das Fräulein Mariann hier
auftritt – ich war nämlich schon öfters da – erst gestern
wieder – und ich kann es halt nicht mehr länger mitan- 10
sehen! Ihr ⌐steinernes Herz¬ –

ZAUBERKÖNIG Mischen Sie sich nicht in wildfremde Fa-
milienangelegenheiten, Sie Soldat!!

RITTMEISTER Meine menschliche Pflicht –

ZAUBERKÖNIG *unterbricht ihn:* Was ist das? 15

RITTMEISTER ⌐Sie sind kein Mensch!¬

ZAUBERKÖNIG Also das hör ich gern! Schon sehr gern!
Was soll ich denn schon sein, wenn ich kein Mensch bin,
Sie?! Vielleicht ein Vieh?! Das tät Ihnen so passen! Aber
ich bin kein Vieh und hab auch keine Tochter, bitt ich 20
mir aus!!

RITTMEISTER Jetzt hab ich hier nichts mehr verloren. *Er
verbeugt sich steif und ab.*

ZAUBERKÖNIG Und ich werd mir vielleicht noch was ho-
len? Ich bin in einer Untergangsstimmung, Herr Mister! 25
Jetzt möcht ich Ansichtskarten schreiben, damit die
Leut vor Neid zerplatzen, wenn sie durch mich selbst
erfahren, wie gut daß es mir geht!

DER MISTER Ansichtskarten! Glänzende Idee! Das ist eine
Idee! Ansichtskarten, Ansichtskarten! *Er kauft einer* 30
Verkäuferin gleich einen ganzen Stoß ab, setzt sich dann
abseits an einen Tisch und schreibt – nun ist er allein mit
dem Zauberkönig; aus der Bar tönt Tanzmusik.

MARIANNE *kommt langsam in einem Bademantel und*
bleibt vor dem Zauberkönig stehen. 35

(franz.) Abnei-
gung

ZAUBERKÖNIG *starrt sie an, betrachtet sie von oben bis*
unten – dreht ihr den Rücken zu.
Pause.

MARIANNE Warum hast du meine Briefe nicht gelesen? Ich
hab dir drei Briefe geschrieben. Aber du hast sie nicht
aufgemacht und hast sie zurückgehen lassen.
Pause.

MARIANNE Ich hab dir geschrieben, daß er mich verlassen
hat –

ZAUBERKÖNIG *wendet sich langsam ihr zu und fixiert sie*
gehässig: Das weiß ich. *Er dreht ihr wieder den Rücken*
zu.
Pause.

MARIANNE Weißt du auch, daß ich ein Kind hab –?

ZAUBERKÖNIG Natürlich!
Pause.

MARIANNE Es geht uns sehr schlecht, mir und dem kleinen
Leopold –

ZAUBERKÖNIG Was?! Leopold?! Der Leopold, das bin
doch ich! Na, das ist aber der Gipfel! Nennt ihre Schand
nach mir! Das auch noch! Schluß jetzt! Wer nicht hören
will, muß fühlen! Schluß! *Er erhebt sich, muß sich aber*
gleich wieder setzen.

MARIANNE Du bist ja betrunken, Papa –

ZAUBERKÖNIG Also werd nur nicht ordinär! Ich bin nicht
dein Papa, ein für allemal! Und nur nicht ordinär, sonst –
Er macht die Geste des Ohrfeigens. Denk lieber an dein
Mutterl selig! Die Toten hören alles!

MARIANNE Wenn mein Mutterl noch leben würde –

ZAUBERKÖNIG Laß dein Mutterl aus dem Spiel, bitt ich
mir aus! Wenn sie dich so gesehen hätt, so nacket auf
dem Podium herumstehen – dich den Blicken der All-
gemeinheit preisgeben. – Ja schämst dich denn gar nicht
mehr? Pfui Teufel!

MARIANNE Nein, das kann ich mir nicht leisten, daß ich
mich schäm.

Stille.
Die Musik in der Bar ist nun verstummt.

MARIANNE Ich verdien hier ⌜zwei Schilling⌝ pro Tag. Das
ist nicht viel, inklusive dem kleinen Leopold. – Was kann
ich denn aber auch anderes unternehmen? Du hast mich 5
ja nichts lernen lassen, nicht einmal meine rhythmische
Gymnastik, du hast mich ja nur für die Ehe erzogen –

ZAUBERKÖNIG Oh du miserables Geschöpf! Jetzt bin ich
noch schuld!

MARIANNE Hör mal, Papa – 10

ZAUBERKÖNIG *unterbricht sie:* Ich bin kein Papa!

MARIANNE *schlägt mit der Faust auf den Tisch:* Aber so
hör auf, ja. Du bist doch mein Papa, wer denn sonst!?
Und hör jetzt mal – wenn das so weitergeht, ich kann
nichts verdienen – und auf den Srich gehen kann ich 15
nicht, ich kann das nicht, ich habs ja schon versucht,
aber ich kann mich nur einem Manne geben, den ich aus
ganzer Seele mag – ich hab ja als ungelernte Frau sonst
nichts zu geben – dann bleibt mir nur ⌜der Zug⌝.

ZAUBERKÖNIG Was für ein Zug? 20

MARIANNE Der Zug. Mit dem man wegfahren kann. Ich
wirf mich noch vor den Zug –

ZAUBERKÖNIG So! Das auch noch. Das willst du mir also
auch noch antun – *Er weint plötzlich.* Oh du gemeines
Schwein, was machst du denn mit mir auf meine alten 25
Tag? Eine Schande nach der anderen – oh ich armer alter
Mensch, mit was hab ich denn das verdient?!

MARIANNE *scharf:* Denk nicht immer an dich!

ZAUBERKÖNIG *hört auf zu weinen, starrt sie an, wird wütend:* So wirf dich doch vor den Zug! Wirf dich doch, 30
wirf dich doch! Samt deiner Brut!! – Oh, mir ist übel –
wenn ich nur brechen könnt – *Er beugt sich über den
Tisch, schnellt aber plötzlich empor.* – Denk lieber an
deinen Himmelvater! An unseren lieben Herrgott da
droben – *Er wankt fort.* 35

MARIANNE *sieht ihm nach und schaut dann empor, dorthin, wo der Himmel liegt; leise:* Da droben –
Aus der Bar ertönt nun wieder Tanzmusik.

DER MISTER *ist nun fertig mit seiner Ansichtskartenschreiberei und entdeckt Marianne, die noch immer in den Himmel schaut:* Ah, eine Primadonna – *Er betrachtet sie lächelnd.* Sagen Sie – haben Sie nicht zufällig einige Briefmarken bei sich?

MARIANNE Nein.

DER MISTER *langsam:* Nämlich, ich brauche zehn Zwanziggroschenmarken und zahle dafür fünfzig Schilling.
Pause.

DER MISTER Sechzig Schilling.
Pause.

DER MISTER *nimmt seine Brieftasche heraus:* Da sind die Schillinge und da sind die Dollars –

MARIANNE Zeigen Sie.

DER MISTER *reicht ihr die Brieftasche.*
Pause.

MARIANNE Sechzig?

DER MISTER Fünfundsechzig,

MARIANNE Das ist viel Geld.

DER MISTER Das will verdient sein.
Stille.

Mit der Tanzmusik ist es nun wieder vorbei.

MARIANNE Nein. Danke. *Sie gibt ihm die Brieftasche zurück.*

DER MISTER Was heißt das?

MARIANNE Ich kann nicht. Sie haben sich in mir geirrt, Herr –

DER MISTER *packt sie plötzlich am Handgelenk und brüllt:* Halt! Halt, du hast mich jetzt bestohlen, du Dirne, Diebin, Verbrecherin, Hand aufmachen – auf!!

MARIANNE Au!

DER MISTER Da! Hundert Schilling! Meinst, ich merk das

nicht, du blöde Hur!? *Er gibt ihr eine Ohrfeige.* Polizei!
Polizei!

ALLES *erscheint aus der Bar.*

DER CONFERENCIER Was ist denn los, um Gottes Christi
willen?!

DER MISTER Diese Hur da hat mich bestohlen! Hundert
Schilling, hundert Schilling! Polizei!

MARIANNE *reißt sich vom Mister los:* Ihr sollt mich nicht
mehr schlagen! Ich will nicht mehr geschlagen werden!

BARONIN *erscheint.*

MARIANNE *schreit entsetzt.*

II
Draußen in der Wachau

*Alfred sitzt mit seiner Großmutter vor dem Häuschen in
der Abendsonne – und unweit steht der Kinderwagen.*

DIE GROSSMUTTER Ich hab dich ja schon immer für einen
Lügner gehalten, aber daß du ein solcher Scheißkerl bist,
wär mir nie im Traum eingefallen! Borgt sich da von mir
dreihundert Schilling für Frankreich zu einer Spediti-
onsfirma – und kommt jetzt nach drei Wochen an und
beichtet, daß er gar nicht in Frankreich war, sondern
daß er alles verspielt hat am Trabrennplatz! Wirst dort
enden, wo deine saubere Mariann sitzt! Im Zuchthaus!

ALFRED Vorerst sitzt sie ja noch gar nicht im Zuchthaus,
sondern nur im Untersuchungsgefängnis, und morgen
wird ihr doch erst der Prozeß gemacht – und dann ist es
ja nur ein Diebstahlsversuch. Schaden ist keiner entstanden, also hat sie mildernde Umständ und wird sicher nur
bedingt verurteilt werden, weil sie noch nicht vorbe-
straft ist –

DIE GROSSMUTTER Nimm sie nur in Schutz, nimm sie nur

in Schutz. – Schön hab ich mich in dir getäuscht, ich habs ja schon immer gewußt, daß du ein Verbrecher bist!

ALFRED Willst mir also nicht verzeihen?

DIE GROSSMUTTER Häng dich auf!

ALFRED Bäääh! *Er streckt die Zunge heraus.*

DIE GROSSMUTTER Bäääh! *Sie streckt ihm die Zunge heraus.*

Stille.

ALFRED *erhebt sich:* Also mich siehst du jetzt nicht so bald wieder.

DIE GROSSMUTTER Und die dreihundert Schilling? Und die hundertfünfzig vom vorigen Jahr?!

ALFRED Und wenn du jetzt zerspringst, es ist doch so, daß ich es genau fühl, daß auch ich in einer gewissen Hinsicht mitschuldig bin an der Mariann ihrem Schicksal –

DIE GROSSMUTTER *schnappt nach Luft.*

ALFRED *lüftet seinen Strohhut:* Küß die Hand, Großmama! *Ab.*

DIE GROSSMUTTER *außer sich vor Wut:* Schau, daß du verschwindst! Luder, dreckiges! Mir sowas ins Gesicht zu sagen! Weg! Marsch! Scheißkerl! Sie *setzt sich an das Tischchen, auf dem ihre Zither liegt, und stimmt sie.*

DIE MUTTER *tritt aus dem Häuschen:* Ist der Alfred schon fort?

DIE GROSSMUTTER Gott sei Dank!

DIE MUTTER Er hat sich von mir gar nicht verabschiedet –

DIE GROSSMUTTER Einen feinen Sohn hast du da – frech und faul! Ganz der Herr Papa!

DIE MUTTER So laß doch den Mann in Ruh! Jetzt liegt er schon zehn Jahr unter der Erden, und gibst ihm noch immer keine Ruh!

DIE GROSSMUTTER Wer hat ihn denn so früh unter die Erden gebracht? Ich vielleicht? Oder der liebe Alkohol? – Deine ganze Mitgift hat er versoffen!

DIE MUTTER   Jetzt will ich aber nichts mehr hören, ich will nicht!

DIE GROSSMUTTER   Halts Maul! *Sie spielt auf ihrer Zither den ⌐Doppeladlermarsch⌐*.

DIE MUTTER   *beugt sich besorgt über den Kinderwagen, und die Großmutter beendet ihren Marsch:* Er macht mir Sorgen, der kleine Leopold – er hat so stark gehustet, und jetzt hat er rote Backerln und so einen ganz anderen Blick – damals beim armen kleinen Ludwig hats genau so begonnen –

DIE GROSSMUTTER   ⌐Gott gibt und Gott nimmt.⌐

DIE MUTTER   Mama!

DIE GROSSMUTTER   Mutterl im Zuchthaus und Vaterl ein Hallodri! Für manche wärs schon besser, wenns hin wären!

DIE MUTTER   Möchst denn du schon hin sein?

DIE GROSSMUTTER   *kreischt:* Vergleich mich nicht mit dem dort! *Sie deutet auf den Kinderwagen.* Meine Eltern waren ehrliche Leut! *Sie spielt wütend ein Menuett**.

DIE MUTTER   So spiel doch nicht!

DIE GROSSMUTTER   *unterbricht ihr Spiel:* Was schreist denn so?! Bist narrisch?! *Sie fixieren sich.*
Stille.

DIE MUTTER   *bange:* Mama – ich hab es gesehn –

DIE GROSSMUTTER   Was?

DIE MUTTER   Was du heut nacht gemacht hast –
Stille.

DIE GROSSMUTTER   *lauernd:* Was hab ich denn gemacht?

DIE MUTTER   Du hast die beiden Fenster aufgemacht und hast das Betterl mit dem kleinen Leopold in den Zug gestellt –

DIE GROSSMUTTER   *kreischt:* Das hast du geträumt! Das hast du geträumt!

DIE MUTTER   Nein, das hab ich nicht geträumt. Und wenn du zerspringst!

Franz. Hoftanz im 3/4–Takt

III

Und abermals in der stillen Straße im achten Bezirk

Der Rittmeister liest noch immer die Ziehungsliste, und
Valerie steht in der Tür ihrer Tabak-Trafik. – Es scheint
überhaupt alles beim alten geblieben zu sein, nur auf der
Puppenklinikauslage klebt ein Zettel: »Ausverkauf«.

VALERIE *boshaft:* Was haben wir denn gewonnen, Herr
Rittmeister?

RITTMEISTER *reicht ihr die Ziehungsliste zurück:* Es ist
Samstag, Frau Valerie. Und morgen ist Sonntag.

VALERIE Das ist halt unser irdisches Dasein, Herr Rittmeister.

RITTMEISTER Ausverkauf! Mein Gewissen ist rein und
trotzdem. Ich war doch damals im Maxim nur von den
altruistischesten* Absichten beseelt – versöhnend hab
ich wirken wollen, versöhnend – und derweil hat sich
eine Tragödie nach der anderen abgerollt. Die arme Mariann wird eingekastelt* und verurteilt –

VALERIE *unterbricht ihn:* Bedingt, Herr Rittmeister! Bedingt!
Stille.

RITTMEISTER Ist er eigentlich noch geärgert auf mich, der
Herr Zauberkönig?

VALERIE Wegen was denn?

RITTMEISTER Na, ich denk, wegen der fatalen Situation im
Maxim, die wo ich ihm inszeniert hab.

VALERIE Aber Herr Rittmeister! Nach all dem, was der
Mann durchgemacht hat, hat er keine Lust mehr, sich
über Sie zu ärgern – er ist überhaupt viel versöhnlicher
geworden, er ist halt gebrochen. Als er seinerzeit gehört
hat, daß die liebe Mariann gestohlen hat, da hat ihn ja
fast der Schlag getroffen!

RITTMEISTER So ein Schlaganfall ist kein Witz.

uneigennüt-
zigsten

(österr.) einge-
sperrt

VALERIE   Er hat ja schon direkt die ⌜Sphärenmusik⌝ gehört.

RITTMEISTER   Was verstehen Sie unter Sphärenmusik?

VALERIE   Wenn einer knapp vor dem Tode ist, dann fängt
die arme Seel bereits an, den Körper zu verlassen – aber
nur die halbe Seel – und die fliegt dann schon hoch hin- 5
auf und immer höher und dort droben gibts eine son-
derbare Melodie, das ist die Musik der Sphären –
Stille.

RITTMEISTER   Möglich. An und für sich –
Jetzt spielt die Realschülerin im zweiten Stock einen 10
Walzer von Johann Strauß.

VALERIE   Können Sie schweigen, Herr Rittmeister?

RITTMEISTER   Natürlich!

VALERIE   Ehrenwort?

RITTMEISTER   Na wenn ich als alter Offizier nicht schwei- 15
gen könnt! Denkens doch nur mal an all die militäri-
schen Geheimnisse, die ich weiß!
Pause.

VALERIE   Herr Rittmeister. Sie war bei mir.

RITTMEISTER   Wer? 20

VALERIE   Die Mariann. Ja, die Mariann. Sie hat mich auf-
gesucht. Vier Wochen ist sie jetzt gesessen in ihrer Un-
tersuchungshaft, und jetzt hat sie nichts zum Beißen –
nur ihren Stolz, den hat sie noch gehabt! Aber den hab
ich ihr gründlich ausgetrieben, kann ich nur sagen! 25
Gründlich! Verlassen Sie sich nur auf mich, Herr Rittmeister, ich werd sie schon mit ihrem Papa aussöhnen,
wir Frauen verstehen das besser als wie die Herren der
Schöpfung! Sie haben ja das im Maxim viel zu direkt
versucht – mein Gott, hab ich mich damals erschrocken! 30

RITTMEISTER   ⌜Ende gut, alles gut!⌝

ERICH   *kommt rasch von rechts – er will in die Puppen-*
klinik, erblickt aber den Rittmeister und fixiert ihn –
und die Realschülerin bricht den Walzer ab, mitten im
Takt. 35

RITTMEISTER *betrachtet Erich geringschätzig – grüßt dann höflich Valerie und ab, knapp an Erich vorbei.*

ERICH *sieht ihm finster nach und betrachtet dann Valerie.*

VALERIE *will ab in ihre Tabak-Trafik.*

5 ERICH Halt! Verzeihen, Gnädigste! Ich möchte Sie nur darauf aufmerksam machen, daß wir uns jetzt wahrscheinlich das letztemal sehen –

VALERIE Hoffentlich!

ERICH Ich fahre nämlich morgen früh – für immer.

10 VALERIE Glückliche Reise!

ERICH Danke! *Er grüßt wieder korrekt und will ab in die Puppenklinik.*

VALERIE *plötzlich:* Halt!

ERICH Zu Befehl!

15 *Stille.*

VALERIE Wir wollen uns nicht so Adieu sagen – Komm, geben wir uns die Hand – trennen wir uns als gute Kameraden –

ERICH Gut. *Er gibt ihr die Hand; zieht dann ein Notiz-*
20 *buch aus der Tasche und blättert darin.* Hier steht es genau notiert: ⌜Soll und Haben⌝ – jede Zigarette.

VALERIE *freundlich:* Ich brauch deine Zigaretten nicht –

ERICH Ehrensache!

VALERIE *nimmt seine Hand, in der er das Notizbuch hält,*
25 *und streichelt sie:* Du bist halt kein Psychologe, Erich –
Sie nickt ihm freundlich zu und langsam ab in die Ta-
bak-Trafik – und jetzt spielt die Realschülerin wieder.

ERICH *sieht ihr nach; ist nun allein:* Altes fünfzigjähriges Stück Scheiße – *Ab in die Puppenklinik.*

30 OSKAR *kommt mit Alfred aus seiner Fleischhauerei:* Also auf alle Fäll dank ich Ihnen herzlichst, daß Sie mich besucht haben – und daß wir uns so gut vertragen in puncto Mariann.

ALFRED Es bleibt dabei: Ich laß ab von ihr – für ewig. *Er*
35 *erblickt den Zettel auf der Puppenklinikauslage.* Was? »Ausverkauf«?

OSKAR *lächelt:* Auch das, lieber Herr – Es wird sich hier bald ausgezaubert haben, das heißt: falls er sich nicht wieder mit unserer Mariann versöhnt, denn so solo schaffts der Alte nicht mehr –

ALFRED Wie traurig das alles ist! Glaubens mir nur, ich bin an dieser ganzen Geschicht eigentlich unschuldig – heut begreif ich mich gar nicht, ich hab es doch so gut gehabt früher, ohne Kummer und ohne Sorgen – und dann laßt man sich in so ein unüberlegtes Abenteuer hineintreiben – es geschieht mir schon ganz recht, weiß der Teufel, was in mich gefahren ist!

OSKAR Das ist halt die große Liebe gewesen.

ALFRED Oh nein! Dazu hab ich schon gar kein Talent. – Ich war nur zu weich. Ich kann halt nicht nein sagen, und dann wird so eine Liaison* automatisch immer ärger. Ich wollt nämlich seinerzeit Ihre Verlobung wirklich nicht auseinanderbringen – aber die liebe Mariann bestand auf dem Alles-oder-Nichts-Standpunkt. Verstehens mich?

OSKAR Leicht. ⌈Der Mann ist ja nur der scheinbar aktive Teil und das Weib nur der scheinbar passive⌉ – wenn man da näher hineinleuchtet –

ALFRED Abgründe tun sich auf.

OSKAR Und sehens, deshalb war ich Ihnen persönlich eigentlich nie so recht bös – Ihnen hab ich nie etwas Böses gewünscht – während die Mariann – *Er lächelt.* Ja, die hat bitter büßen müssen, das arme Hascherl* – für die große Leidenschaft ihres Lebens –

ALFRED Nein, soviel Leut ins Unglück zu stürzen! Wirklich: wir Männer müßten mehr zusammenhalten.

OSKAR Wir sind halt zu naiv.

ALFRED Allerdings.

Jetzt bricht die Realschülerin wieder ab.

ALFRED Herr Oskar. Ich weiß gar nicht, wie ich Ihnen danken soll, daß Sie es übernommen haben, mich mit der Frau Valerie wieder auszusöhnen –

Geschichten aus dem Wiener Wald

OSKAR *unterbricht ihn:* Pst!

ZAUBERKÖNIG *begleitet Erich aus der Puppenklinik – beide bemerken weder Alfred noch Oskar, die sich in die Tür der Fleischhauerei zurückgezogen haben:* Also nochmals, gute Reise, Erich! Bleib gesund und komm gut nach Dessau!

ERICH Nach Kassel, Onkel!

ZAUBERKÖNIG Kassel und Dessau – das werd ich nimmer lernen! Und vergiß unsere Wienerstadt nicht und deinen armen alten Onkel!

ERICH *schlägt nochmals die Hacken zusammen, verbeugt sich straff und ab, ohne sich umzusehen.*

ZAUBERKÖNIG *sieht ihm gerührt nach – erblickt dann Valerie, die, als sie Erichs Stimme gehört hatte, wieder in ihrer Tür erschien und horchte:* Ein Prachtkerl, was? Nun spielt die Realschülerin wieder.

VALERIE *nickt langsam ja.*

ZAUBERKÖNIG *holt sich aus dem Ständer vor der Tabak-Trafik eine Zeitung und durchblättert sie:* Ja ja, Europa muß sich schon einigen, denn beim nächsten Krieg gehen wir alle zugrund – aber kann man sich denn alles bieten lassen?! Was sich da nur die ⌈Tschechen⌉ wieder herausnehmen! Ich sag dir heut: morgen gibts wieder einen Krieg! Und den muß es auch geben! Krieg wirds immer geben!

VALERIE *ist immer noch anderswo:* Das schon. Aber das wär halt das Ende unserer Kultur.

ZAUBERKÖNIG Kultur oder nicht Kultur – ⌈Krieg ist ein Naturgesetz⌉! Akkurat wie die liebe ⌈Konkurrenz im geschäftlichen Leben⌉! Ich für meine Person bin ja konkurrenzlos, weil ich ein Spezialgeschäft bin. Trotzdem geh ich zugrund. Ich kanns halt allein nicht mehr schaffen, mich macht schon jeder Käufer nervös – Früher, da hab ich eine Frau gehabt, und wie die angefangen hat zu kränkeln, da ist die Mariann schon so groß gewesen –

VALERIE Wie groß?

ZAUBERKÖNIG So groß!

Pause.

VALERIE Wenn ich Großpapa wär –

ZAUBERKÖNIG *unterbricht sie:* Ich bin aber kein Groß- 5
papa, bitt ich mir aus! *Er faßt sich ans Herz und der
Walzer bricht ab.* Reg mich doch nicht auf! Au, mein
Herz –

Stille.

VALERIE Tuts weh? 10

ZAUBERKÖNIG Bestialisch – Du weißt, was der Medizi-
nalrat gesagt hat – mich könnt so ein Schlagerl* treffen
wie nix –

VALERIE Ich kenn das von meinem Seligen her – Stichts?

ZAUBERKÖNIG Es sticht – es sticht – 15

Stille.

VALERIE Leopold. Der liebe Gott hat dir einen Fingerzeig
gegeben – daß du nämlich noch unter uns bist – Still!
Reg dich nur nicht auf, reg dich nicht auf – sonst kommt
der Schlaganfall, der Schlaganfall, und dann – und dann 20
– versöhn dich doch lieber, du alter Trottel – versöhn
dich, und du wirst auch dein Geschäft wieder weiterfüh-
ren können, es wird alles wieder besser, besser, besser!

Stille.

ZAUBERKÖNIG Meinst du? 25

VALERIE Schau, die Mariann – das ist doch kein böser
Mensch, das ist doch nur ein dummes Weiberl – ein ganz
armes dummes Weiberl –

ZAUBERKÖNIG Dumm ist sie schon. Saudumm!

VALERIE Und die hat sich eingebildet, die Welt nach ihrem 30
Bild umzuformen – aber die Welt folgt halt doch nur
dem Verstand, gelt, Großpapa?

ZAUBERKÖNIG Großpapa?

VALERIE Ja.

Stille. 35

(österr.)
Schlaganfall

Dann spielt wieder die Realschülerin.

ZAUBERKÖNIG *läßt sie langsam stehen und wendet sich seiner Puppenklinik zu – hält vor der Auslage und betrachtet den Ausverkaufszettel; dann nickt er Valerie freundlich zu, reißt den Zettel ab und verschwindet in seiner Puppenklinik.*

VALERIE *grinst befriedigt und steckt sich eine Zigarette an.*

OSKAR Frau Valerie! Jetzt hätt ich für Sie eine Überraschung!

VALERIE Was für eine Überraschung?

OSKAR Es möcht sich jemand mit Ihnen versöhnen.

VALERIE Wer? Erich?

OSKAR Nein.

VALERIE Sondern?

OSKAR Dort –

VALERIE *nähert sich der Fleischhauerei und erblickt Alfred.*

ALFRED *grüßt.*

Pause.

VALERIE Ach!

Jetzt ist es wieder aus mit der Musik.

ALFRED Du ahnst es ja nicht, was mich diese Reue für innere Kämpfe gekostet hat, dieser ⌜Gang nach Canossa⌝ – Ich hab ja schon vor mir selbst gar kein Schamgefühl mehr, weil ich weiß, daß ich dir Unrecht getan hab.

VALERIE Mir?

ALFRED Ja.

VALERIE Wann denn?

ALFRED *ist perplex.*

VALERIE Mir hast du nichts Schlechtes getan.

ALFRED *ist noch perplexer; er lächelt verlegen:* Na, ich hab dich doch immerhin verlassen –

VALERIE Du mich? Ich dich! Und außerdem war das auch nichts Schlechtes, sondern nur etwas sehr Gutes, merk dir das, du eitler Aff!

ALFRED   Wir sind als gute Kameraden auseinander, verstanden?

VALERIE   Wir zwei sind getrennte Leut, verstanden?! Weil ich mit einem ausgemachten Halunken in der Zukunft nichts mehr zu tun haben möcht! 5
Stille.

ALFRED   Wieso denn ein ausgemachter? Du hast doch grad selber gesagt, daß ich dir nichts getan hab!

VALERIE   Mir nichts! Aber der Mariann! Und deinem Kind? 10
Stille.

ALFRED   Die Mariann hat immer gesagt, ich könnt hypnotisieren – *Er schreit sie an.* Was kann ich denn dafür, daß ich auf die Frauen so stark wirk?!

VALERIE   Schrei mich nicht an! 15

OSKAR   Meiner Meinung nach war der Herr Alfred relativ gut zur Mariann –

VALERIE   Wenn ihr Mannsbilder nur wieder zusammenhelft! Oh, ich hab aber auch noch mein weibliches Solidaritätsgefühl! *Zu Alfred.* So klein möcht ich dich se- 20 hen, so klein!
Stille.

ALFRED   Ich bin eine geschlagene Armee. Das mußt du mir nicht zweimal sagen, daß ich ein schlechter Mensch bin, das weiß ich, weil ich halt zu guter Letzt ein schwacher 25 Mensch bin. Ich brauch immer jemand, für den ich sorgen kann und muß, sonst verkomm ich sofort. Für die Mariann konnt ich aber nicht sorgen, das war mein spezielles Pech – Ja, wenn ich noch einiges Kapital gehabt hätt, dann hätt ich ja wieder auf die Rennplätz hinaus- 30 können, trotzdem daß sie es nicht hat haben wollen –

VALERIE   Sie hat es nicht haben wollen?

ALFRED   Aus moralischen Gründen.

VALERIE   Das war aber dumm von ihr, wo das doch dein eigenstes Gebiet ist. 35

ALFRED Siehst du! Und an diesem Lebensauffassungs-
unterschied zerschellte auch schließlich unser Verhältnis. Ganz von allein.

VALERIE Lüg nicht.

5 *Stille.*

ALFRED Valerie. Ich hab eine Hautcreme vertreten, Füll-
federhalter und orientalische Teppich – es ist mir alles
danebengelungen und nun steck ich in einer direkt
schweinischen Situation. Du hast doch früher auch für
10 eine jede Schweinerei Verständnis gehabt –

VALERIE *unterbricht ihn:* Wie wars denn in Frankreich?

ALFRED Relativ genau wie hier.

VALERIE Und wie sind denn die Französinnen?

ALFRED Wie sie alle sind. Undankbar.

15 VALERIE *lächelt:* Du Lump. Was würdest du denn tun,
wenn ich dir jetzt fünfzig Schilling leihen würd?
Stille.

ALFRED Fünfzig?

VALERIE Ja.

20 ALFRED Ich würde natürlich sofort telegraphisch in Maisons-Laffitte ⌜Sieg und Platz⌝ –

VALERIE *unterbricht ihn:* Und? Und?

ALFRED Wieso?

VALERIE Und den Gewinn?

25 *Stille.*

ALFRED *lächelt hinterlistig:* Den voraussichtlichen Gewinn würde ich morgen persönlich meinem Söhnchen
überreichen –

VALERIE Werden sehen –! Werden sehen!

30 MARIANNE *kommt rasch und erschrickt.*

OSKAR Mariann!

VALERIE Na also!

MARIANNE *starrt einen nach dem anderen an – will rasch
wieder fort.*

35 VALERIE Halt! Dageblieben! Jetzt werden wir mal den

Schmutz da zusammenräumen – jetzt kommt die große
(österr.) das »Großreine-machen«
Stöberei*! Jetzt wird versöhnt und basta!
Stille.

OSKAR Mariann. Ich verzeihe dir gern alles, was du mir
angetan hast – denn lieben bereitet mehr Glück, als ge- 5
liebt zu werden. – Wenn du nämlich nur noch einen Fun-
ken Gefühl in dir hast, so mußt du es jetzt spüren, daß
ich dich trotz allem noch heut an den Altar führen tät,
wenn du nämlich noch frei wärst – ich meine jetzt das
Kind – 10
Stille.

MARIANNE Was denkst du da?

OSKAR *lächelt:* Es tut mir leid.

MARIANNE Was?

OSKAR Das Kind – 15
Stille.

MARIANNE So laß doch das Kind in Ruh – Was hat dir
denn das Kind getan? Schau mich doch nicht so dumm
an!

VALERIE Mariann! Hier wird jetzt versöhnt! 20

MARIANNE *deutet auf Alfred:* Aber nicht mit dem!

VALERIE Auch mit dem! Alles oder nichts! Auch das ist
doch nur ein Mensch!

ALFRED Ich danke dir.

MARIANNE Gestern hast du noch gesagt, daß er ein ge- 25
meines Tier ist.

VALERIE Gestern war gestern, und heut ist heut, und außerdem kümmer dich um deine Privatangelegenheiten.

ALFRED ⌜Nur wer sich wandelt, bleibt mit mir verwandt⌝.

OSKAR *zu Marianne:* 30
⌜Denn so lang du dies nicht hast
Dieses Stirb und Werde!
Bist du noch ein trüber Gast
Auf der dunklen Erde!⌝

MARIANNE *grinst:* Gott, seid ihr gebildet – 35

OSKAR Das sind doch nur Kalendersprüch*!

VALERIE ⌜Sprüch oder nicht Sprüch!⌝ Auch das ist doch nur ein Mensch mit allen seinen angeborenen Fehlern und Lastern – Du hast ihm auch keinen genügend starken inneren Halt gegeben!

MARIANNE Ich hab getan, was ich tun konnte!

VALERIE Du bist halt noch zu jung!

Stille.

ALFRED Zu guter Letzt war ich ja auch kein Engel.

VALERIE Zu guter Letzt ist bei einer solchen Liaison überhaupt nie jemand schuld – das ist doch zu guter Letzt eine Frage der Planeten, wie man sich gegenseitig bestrahlt und so.

MARIANNE Mich hat man aber eingesperrt.

Stille.

MARIANNE Sie haben mich sehr erniedrigt.

OSKAR Die Polizei trägt allerdings keine Glacéhandschuhe*.

VALERIE Waren es wenigstens weibliche Kriminalbeamte?

MARIANNE Teils.

VALERIE Na also!

Stille.

VALERIE Marianderl. Jetzt geh nur ruhig dort hinein – *Sie deutet auf die Puppenklinik.*

MARIANNE Und?

VALERIE Geh nur –

MARIANNE Aber auf deine Verantwortung –

VALERIE Auf meine Verantwortung –

Stille.

MARIANNE *wendet sich langsam der Puppenklinik zu – legt die Hand auf die Klinke und dreht sich dann nochmals Valerie, Alfred und Oskar zu:* Ich möcht jetzt nur noch was sagen. Es ist mir nämlich zu guter Letzt scheißwurscht – und das, was ich da tu, tu ich nur wegen dem kleinen Leopold, der doch nichts dafür kann. – *Sie öff-*

Abwertend: billige Spruchweisheiten auf Kalenderblättern

(ugs.) nimmt allerdings wenig Rücksicht

net die Tür und das Glockenspiel erklingt, als wäre
nichts geschehen.

IV
Draußen in der Wachau

Die Großmutter sitzt in der Sonne und die Mutter schält 5
(österr.) *Erdäpfel*. Und der Kinderwagen ist nirgends zu sehen.*
Kartoffeln

DIE GROSSMUTTER Frieda! Hast du ihr schon den Brief
geschrieben?
DIE MUTTER Nein.
DIE GROSSMUTTER Soll ich ihn vielleicht schreiben? 10
Stille.
DIE GROSSMUTTER Da wir die Adress des lieben Herrn
Alfred nicht kennen, müssen wir es doch ihr schreiben –
DIE MUTTER Ich schreib schon, ich schreib schon. – Sie
werden uns noch Vorwürf machen, daß wir nicht aufge- 15
paßt haben –
DIE GROSSMUTTER Wir? Du! Du, willst du wohl sagen!
DIE MUTTER Was kann denn ich dafür?!
DIE GROSSMUTTER Wars vielleicht meine Idee, das Kind in
Kost zu nehmen?! Nein, das war deine Idee – weil du 20
etwas Kleines, Liebes um dich hast haben wollen, hast
du gesagt! Hast du gesagt! Ich war immer dagegen. Mit
so was hat man nur Scherereien!
DIE MUTTER Gut. Bin ich wieder schuld. Gut. Am End bin
ich dann vielleicht auch daran schuld, daß sich der klei- 25
ne Leopold erkältet hat – und daß er jetzt im Himmel
ist?! Herrgott, ist das alles entsetzlich!
Stille.
DIE GROSSMUTTER Vielleicht ist es ihr gar nicht so entsetzlich – ich meine jetzt dein Fräulein Mariann. – Man 30
kennt ja diese Sorte Fräuleins – vielleicht wird das Fräulein sogar zufrieden sein, daß sie es los hat –

DIE MUTTER Mama! Bist du daneben?!

DIE GROSSMUTTER Was fällt dir ein, du Mistvieh?!

DIE MUTTER Was fällt dir ein, du Ungeheuer?! Das Fräulein ist doch auch nur eine Mutter, genau wie du!!

DIE GROSSMUTTER *kreischt:* Vergleich mich nicht mit ihr! Ich hab mein Kind in Ehren geboren, oder bist du ein unehelicher Schlampen?! Wo kein Segen von oben dabei ist, das endet nicht gut und soll es auch nicht! Wo kämen wir denn da hin?! Jetzt wird hier aber endlich geschrieben – und wenn du zu feig dazu bist, dann diktier ich dir! *Sie erhebt sich.* Setz dich her! Hier hast du Papier und Bleistift – ich habs schon vorbereitet.

DIE MUTTER Ungeheuer –

DIE GROSSMUTTER Kusch! Setz dich! Schreib! Freu dich, daß ich dir hilf!

DIE MUTTER *setzt sich.*

DIE GROSSMUTTER *geht gebeugt auf und ab und diktiert:* Wertes Fräulein! – Jawohl: Fräulein! – Leider müssen wir Ihnen eine für Sie recht traurige Mitteilung machen. Gott der Allmächtige hat es mit seinem unerforschlichen Willen so gewollt, daß Sie, wertes Fräulein, kein Kind mehr haben sollen. Das Kind hat sich nur etwas erkältet, und dann ist es sehr schnell dahingegangen – Punkt. Aber trösten Sie sich, Gott der Allmächtige liebt die unschuldigen Kinder. Punkt. Neuer Absatz.

MARIANNE *kommt mit Zauberkönig, Valerie, Oskar und Alfred, denen sie etwas vorausgeeilt ist:* Guten Tag, liebe Frau Zentner! Küß die Hand, Großmutter! Jetzt war ich aber lang nicht mehr da, ich bin ja nur froh, daß ich euch wiederseh – Das ist mein Vater!

ZAUBERKÖNIG *grüßt.*

DIE MUTTER *erblickt Alfred:* Alfred!

MARIANNE *wird es plötzlich unheimlich:* Was habt ihr denn –?

DIE GROSSMUTTER *reicht ihr den Brief.*

MARIANNE *nimmt ihr mechanisch den Brief ab und sieht sich scheu um; bange:* Wo ist er denn – wo ist er denn –?

DIE GROSSMUTTER Lesen, bitte. Lesen –

MARIANNE *liest den Brief.*

ZAUBERKÖNIG Na, wo ist er denn, der kleine Leopold? *Er hält ein Kinderspielzeug in der Hand, an dem Glöckchen befestigt sind, und läutet damit.* Der Opapa ist da. Der Opapa!

MARIANNE *läßt den Brief fallen.*
Stille.

ZAUBERKÖNIG *plötzlich ängstlich:* Mariann! Ist denn was passiert?

VALERIE *hat den Brief aufgehoben und gelesen; jetzt schreit sie:* Maria! Tot ist er! Hin ist er, der kleine Leopold!

ALFRED Tot?!

VALERIE Tot! *Sie schluchzt.*

ALFRED *schließt sie automatisch in seine Arme.*

ZAUBERKÖNIG *wankt – läßt das Kinderspielzeug fallen und hält die Hand vors Gesicht.*
Stille.

DIE GROSSMUTTER *hebt neugierig das Kinderspielzeug auf und läutet damit.*

MARIANNE *beobachtet sie – stürzt sich plötzlich lautlos auf sie und will sie mit der Zither, die auf dem Tischchen liegt, erschlagen.*

OSKAR *drückt ihr die Kehle zu.*

MARIANNE *röchelt und läßt die Zither fallen.*
Stille.

DIE GROSSMUTTER *hebt die Zither auf, leise:* Du Luder. Du Bestie. Du Zuchthäuslerin. – Mich? Mich möchst du erschlagen, mich?

DIE MUTTER *schreit die Großmutter plötzlich an:* Jetzt schau aber, daß du ins Haus kommst! Marsch! Marsch!

DIE GROSSMUTTER *geht langsam auf die Mutter zu:* Dir tät

es ja schon lange passen, wenn ich schon unter der Erden
wär – nicht? Aber ich geh halt noch nicht, ich geh noch
nicht – Da! *Sie gibt der Mutter eine Ohrfeige.* Verfaulen
sollt ihr alle, die ihr mir den Tod wünscht! *Ab mit ihrer*
Zither in das Häuschen.
Stille.

DIE MUTTER *schluchzt:* Na, das sollst du mir büßen – *Ihr*
nach.

ZAUBERKÖNIG *nimmt langsam die Hand vom Gesicht:*
Der zweite Schlaganfall, der zweite Schlaganfall – nein,
nein, nein, lieber Gott, laß mich noch da, lieber Gott –
Er bekreuzigt sich. Vater unser, der du bist im Himmel –
groß bist du und gerecht – nicht wahr, du bist gerecht?
Laß mich noch, laß mich noch – Oh, du bist gerecht, oh,
du bist gerecht! *Er richtet sich seine Krawatte und geht*
langsam ab.

VALERIE *zu Alfred:* Wie groß war er denn schon, der kleine Leopold?

ALFRED So groß –

VALERIE Meine innigste ⌈Kondolation⌉.

ALFRED Danke. *Er zieht Geldscheine aus seiner Hosen-*
tasche. Da. Jetzt hab ich gestern noch telegraphisch gesetzt und hab in Maisons-Laffitte gewonnen – und heut
wollt ich meinem Sohne vierundachtzig Schilling bringen –

VALERIE Wir werden ihm einen schönen Grabstein setzen.
Vielleicht ein betendes Englein.

ALFRED Ich bin sehr traurig. Wirklich. Ich hab jetzt grad
so gedacht – ⌈so ohne Kinder hört man eigentlich auf.
Man setzt sich nicht fort und stirbt aus⌉. Schad! *Lang-*
sam ab mit Valerie.

MARIANNE Ich hab mal Gott gefragt, was er mit mir vor-
hat. – Er hat es mir aber nicht gesagt, sonst wär ich
nämlich nicht mehr da. – Er hat mir überhaupt nichts
gesagt. – Er hat mich überraschen wollen. – Pfui!

OSKAR Marianne! Hadere nie mit Gott!

MARIANNE Pfui! Pfui! *Sie spuckt aus.*

Stille.

OSKAR Mariann. Gott weiß, was er tut, glaub mir das.

MARIANNE Kind! Wo bist du denn jetzt? Wo?

OSKAR Im Paradies.

MARIANNE So quäl mich doch nicht –

OSKAR Ich bin doch kein ⌜Sadist⌝! Ich möcht dich doch nur trösten. – Dein Leben liegt doch noch vor dir. Du stehst doch erst am Anfang. – Gott gibt und Gott nimmt*.

Vgl. Erl. zu S. 90,11

MARIANNE Mir hat er nur genommen, nur genommen –

Vgl. Erl. zu S. 67,2–3

OSKAR ⌜Gott ist die Liebe⌝, Mariann – und wen er liebt, den schlägt er* –

MARIANNE Mich prügelt er wie einen Hund!

OSKAR Auch das! Wenn es nämlich sein muß.

Nun spielt die Großmutter auf ihrer Zither drinnen im Häuschen die »Geschichten aus dem Wiener Wald« von Johann Strauß.

OSKAR Mariann. Ich hab dir mal gesagt, daß ich es dir nie wünsch, daß du das durchmachen sollst, was du mir angetan hast – und trotzdem hat dir Gott Menschen gelassen – die dich trotzdem lieben – und jetzt, nachdem sich alles so eingerenkt hat. – Ich hab dir mal gesagt, Mariann, ⌜du wirst meiner Liebe nicht entgehn⌝ –

MARIANNE Ich kann nicht mehr. Jetzt kann ich nicht mehr –

OSKAR Dann komm – *Er stützt sie, gibt ihr einen Kuß auf den Mund und langsam ab mit ihr – und in der Luft ist ein Klingen und Singen, als spielte ein himmlisches Streichorchester die »Geschichten aus dem Wiener Wald« von Johann Strauß.*

Ende des dritten und letzten Teiles

Kommentar

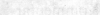

1901 Edmund (Ödön) Josef von Horváth wird am 9. Dezember als erster Sohn des Diplomaten Dr. Edmund Josef von Horváth (1874–1950) und Maria Hermine, geb. Prehnal (1882–1959) in Susak, einem Vorort von Fiume, dem heutigen Rijeka, geboren. Horváth beschreibt seine Herkunft später folgendermaßen: »Sie fragen mich nach meiner Heimat, ich antworte: ich wurde in Fiume geboren, bin in Belgrad, Budapest, Preßburg, Wien und München aufgewachsen und habe einen ungarischen Paß – aber: ›Heimat‹? Kenn ich nicht. Ich bin eine typisch alt-österreichisch-ungarische Mischung: magyarisch, kroatisch, deutsch, tschechisch – mein Name ist magyarisch, meine Muttersprache ist deutsch« (Bd. 11, S. 184).

1902 Familie Horváth zieht nach Belgrad um, wo ein Jahr später der Bruder Lajos von Horváth zur Welt kommt.

1908 Umzug der Familie Horváth nach Budapest, wo ein Hauslehrer Ödön in ungarischer Sprache unterrichtet.

1909 Sein Vater, im Frühjahr in den Adelsstand gehoben, wird im Herbst nach München versetzt; doch Ödön selbst bleibt in Budapest und besucht dort das erzbischöfliche Internat.

1913 Ödön zieht zu den Eltern und besucht die dritte Klasse des Kaiser-Wilhelm-Gymnasiums, ehe er im folgenden Jahr auf das Realgymnasium in der Klenzestraße wechselt. Seine Zensuren sind nicht die besten (vgl. Mat. IV, S. 32), überdies kommt es mit dem Religionslehrer Dr. Heinzinger zu Differenzen, die sich später in Horváths Werk niederschlagen. Im Rückblick auf diese Jahre schreibt Horváth: »Während meiner Schulzeit wechselte ich viermal die Unterrichtssprache und besuchte fast jede Klasse in einer anderen Stadt. Das Ergebnis war, daß ich keine Sprache ganz beherrschte. Als ich das erste Mal nach Deutschland kam, konnte ich keine Zeitung lesen, da ich keine gotischen Buchstaben kannte, obwohl meine Muttersprache die deutsche ist. Erst mit vierzehn [!] Jahren schrieb ich den ersten deutschen Satz« (Bd. 11, S. 183).

1915 Sein Vater wird von der Front abberufen und erneut nach München beordert. Später schreibt Ödön über diese Jahre: »An die Zeit vor 1914 erinnere ich mich nur, wie an ein langweiliges Bilderbuch. Alle meine Kindheitserlebnisse habe ich im Kriege vergessen. Mein Leben beginnt mit der Kriegserklärung« (ebd.).

1916 Umzug der Familie nach Preßburg, wo Ödön wieder eine ungarische Schule besucht. Er beginnt zu schreiben, doch nur das Gedicht »Luci in Macbeth. Eine Zwerggeschichte von Ed. v. Horváth« bleibt erhalten.

1918 Vor Kriegsende wird der Vater erneut nach Budapest berufen, so dass Ödön die Nachkriegswirren in der ungarischen Hauptstadt erlebt, sich dort stark für die machtpolitischen Kämpfe interessiert und sich schließlich im Galilei-Kreis engagiert, einer Gruppe junger Leute, die mit Begeisterung die national-revolutionären Werke von Endre Ady (1877–1919) liest.

1919 Während der Vater im Frühjahr zurück nach München versetzt wird, kommt Ödön in die Obhut seines Onkels Josef Prehnal (1875–1929) – dem Vorbild des Rittmeisters in *Geschichten aus dem Wiener Wald* – in Wien, wo er das Privatgymnasium der Salvatorianer besucht. Nach dem Abitur im Sommer zieht auch er wieder nach München, immatrikuliert sich im Herbst an der Ludwig-Maximilians-Universität und besucht psychologische, literatur-, theater- und kunstwissenschaftliche Seminare bis zum Wintersemester 1921/22.

1920 Ödön beginnt Gedichte zu schreiben. Daneben lernt er »durch einen Zufall« (Bd. 11, S. 199) den Komponisten Siegfried Kallenberg (1867–1944) kennen, auf dessen Anregung die Pantomime *Das Buch der Tänze* entsteht. Über seinen Werdegang als »Literat« berichtet er später in einem Radiointerview: »Ich besuchte 1920 in München die Universität und hatte, wie man so zu sagen pflegt, Interesse an der Kunst, hatte mich selber aber in keiner Weise noch irgendwie künstlerisch betätigt – nach außen hin – innerlich, mit dem Gedanken schon, da sagte ich mir: Du könntest doch eigentlich Schriftsteller werden, du gehst doch zum Beispiel gern ins Theater, hast bereits allerhand erlebt, du widersprichst gern, fast dauernd, und dieser eigentümliche Drang, das was man so sieht und erlebt und vor allem: was man sich einbildet, daß es die Anderen erleben, niederzuschreiben, den hast du auch – und dann weißt du auch, daß man nie Konzessionen machen darf und daß es dir immer schon gleichgültig war, was die Leute über dich geredet haben – und so hatte ich eigentlich schon auch das, was pathetische Naturen als die ›Erkenntnis einer dichterischen Mission‹ bezeichnen« (ebd., S. 198 f.).

1922   *Das Buch der Tänze* wird mit zwei anderen Werken konzertant aufgeführt und erscheint anschließend in einer Auflage von 500 Exemplaren im Münchner El Schahin-Verlag. 1926 kauft Ödön die Restauflage mit Hilfe seines Vaters auf und vernichtet sämtliche Exemplare. Horváth war sich anfänglich keineswegs sicher, ob er als Schriftsteller arbeiten sollte oder nicht, denn im Rückblick bemerkt er: »Ich versuchte es noch mit allerhand mehr oder minder bürgerlichen Berufen – aber es wurde nie etwas Richtiges daraus – anscheinend war ich doch zum Schriftsteller geboren« (ebd., S. 199 f.).

1923   Ödön beginnt intensiv zu schreiben, doch die meisten Manuskripte aus diesen Jahren vernichtet er. Vermutlich entstehen in dieser Zeit das Fragment »Dosa« und das Schauspiel *Mord in der Mohrengasse*, aus dem einzelne Motive in späteren Stücken auftauchen.

1924   Im Satireblatt *Simplicissimus* erscheinen erstmals Horváths *Sportmärchen*. Nach einer längeren Parisreise mit dem Bruder beschließt Ödön nach Berlin umzuziehen, und in Berliner Zeitungen werden in den nächsten Jahren weitere *Sportmärchen* publiziert.

1926   Am Stadttheater in Osnabrück wird *Das Buch der Tänze* am 19. Februar uraufgeführt, das auf negative Kritiken stößt. Zur gleichen Zeit entstehen die Dramen *Revolte auf Côte 3018*, das den Bau der Zugspitzbahn zum Anlass nimmt, und *Zur schönen Aussicht*.

1927   Im Berliner Büro der »Deutschen Liga für Menschen-
        rechte« sichtet Horváth Unterlagen für eine Denkschrift
        zur Justizkrise und stößt dabei auf Material über Feme-
        morde der Schwarzen Reichswehr, das er später in sei-
        nem Stück *Sladek oder Die schwarze Armee* verarbeitet.
        Die Uraufführung *Revolte auf Côte 3018* in Hamburg
        am 4. November wird ein Misserfolg, weshalb Horváth
        das Stück bearbeitet und es unter dem Titel *Die Bergbahn*
        vervielfältigen lässt. In einem Radiointerview beschreibt
        er später sein Volksstück so: »Das Stück hat zum Inhalt
        den Kampf zwischen Kapital und Arbeitskraft. Zwischen
        den beiden Parteien steht ein Ingenieur, und durch ihn ist
        die Stellung der sogenannten Intelligenz im Produktions-
        prozeß charakterisiert« (ebd., S. 200).

1928   Horváth schreibt das Stück *Sladek oder Die schwarze
        Armee*, arbeitet es später um. Die Neufassung erhält den
        Titel *Sladek, der schwarze Reichswehrmann*. In diesem
        und im folgenden Jahr verfasst er daneben sendereife *Sie-
        ben Szenen für den Rundfunk* unter dem Titel *Stunde der
        Liebe*, die aber erst 1973 im Radio zu hören sind.

1929   Mit großem Erfolg wird am 4. Januar *Die Bergbahn* in
        Berlin uraufgeführt. Das Haus Ullstein bietet ihm darauf-
        hin ein Fixum und einen Vertrag an, sodass Horváth zu-
        künftig als freier Schriftsteller leben kann. Er schreibt die
        Posse *Rund um den Kongreß*, einzelne Kapitel des spä-
        teren Romans *Der ewige Spießer* sowie die Geschichten
        der *Agnes Pollinger* und entwirft den Roman *Der Mit-
        telstand*. In einer Matinee-Veranstaltung wird am 13.
        Oktober *Sladek, der schwarze Reichswehrmann* urauf-
        geführt. Das Stück enttäuscht die Kritik, ruft aber bei den
        Nationalsozialisten heftige Angriffe hervor.

1930   Der Roman *Der ewige Spießer* erscheint im zur Ullstein
        AG gehörenden Berliner Propyläen Verlag, in dessen
        Theaterabteilung Arcadia auch seine Dramen publiziert
        werden. Zugleich schreibt Horváth an den beiden Volks-
        stücken *Geschichten aus dem Wiener Wald* und *Italieni-
        sche Nacht* und greift in seinem Stück *Die Lehrerin von
        Regensburg* das reale Schicksal der ersten protestanti-

schen Volksschullehrerin Elly Maldaque in Regensburg auf. Am 12.9. tritt er aus der katholischen Kirche aus.

1931 Am 20. März wird im Berliner Theater am Schiffbauerdamm *Italienische Nacht* mit großem Erfolg uraufgeführt. Eine entpolitisierte Fassung des Stückes hat am 5. Juli in Wien Premiere, anlässlich der Horváth in einem Interview erklärt, er habe »eben« die *Geschichten aus dem Wiener Wald* abgeschlossen, an denen er lange Zeit gearbeitet hatte. Im Herbst erhält Horváth auf Vorschlag Carl Zuckmayers (1896–1977) zusammen mit Erik Reger (1893–1954) den Kleist-Preis. Die Uraufführung von *Geschichten aus dem Wiener Wald* am 2. November am Deutschen Theater in Berlin wird zu einem entscheidenden Theatererfolg und macht Horváth zum anerkannten Dramatiker. Zusammen mit R. A. Stemmle (1903–1974) schreibt Horváth an einer Ausstattungsrevue »Magazin des Glücks« für Max Reinhardt (1873–1943), die aber nicht vollendet wird, im Gegensatz zu seinem Volksstück *Kasimir und Karoline*.

1932 Horváth arbeitet an seinem Stück *Glaube Liebe Hoffnung*, gibt ein Radiointerview (vgl. Bd. 11, S. 196 ff.) und tritt bei Autorenlesungen in München auf. Am 18. November wird *Kasimir und Karoline* in Leipzig und eine Woche später – in der gleichen Inszenierung – in Berlin uraufgeführt. Die Kritik reagiert gespalten, und Horváth sieht sich veranlasst, für künftige Inszenierungen eine »Gebrauchsanweisung« (vgl. ebd., S. 215 ff.) für seine Stücke zu verfassen. Der Vertrag zwischen Ullstein und Horváth, der ihm zunächst 300 Mark und ab 1931 500 Mark monatlich zusicherte, wird »auf Grund gegenseitigen freundschaftlichen Übereinkommens« gelöst.

1933 Heinz Hilpert (1890–1967) wird von den Nationalsozialisten gezwungen, das zur Uraufführung angenommene Stück *Glaube Liebe Hoffnung* wieder abzusetzen. Auch andere Stücke Horváths dürfen nicht mehr gespielt werden. In Murnau wird das Haus der Eltern Horváths von einem SA-Trupp durchsucht. Horváth verlässt daraufhin Deutschland, wohnt zunächst in Österreich, wo er an dem Stück *Die Unbekannte aus der Seine* schreibt. Da Horváth in Deutschland als unerwünschte Person gilt und um die ungarische Staatsbürgerschaft zu behalten, muss er nach Budapest reisen. Dieses Erlebnis verarbeitet er später in der Posse *Hin und Her*. In Wien heiratet er am 27. Dezember die Sängerin Maria Elsner, doch die Ehe wird bereits am 2. September 1934 wieder geschieden.

1934 Die geplante Uraufführung des Stücks *Die Unbekannte aus der Seine* in Wien kommt nicht zustande. Horváth reist nach Berlin, da er ein Bühnenwerk über den Nationalsozialismus plant. Seine Eindrücke finden sich in den Skizzen zum Stück *Der Lenz ist da!* (GW 1970, Bd. 4, S. 100 ff.) und später im Roman *Jugend ohne Gott*. In Berlin findet Horváth Anschluss an die Filmindustrie, entwickelt mehrere Stoffe, schreibt an Filmdialogen und verschiedenen Exposés. Zugleich setzt er seine dramatischen Arbeiten fort und vollendet das Märchen »Himmelwärts«. Am 13. Dezember hat in Zürich die Komödie *Hin und Her* Premiere.

1935 Horváths finanzielle Lage verschlechtert sich, da seine Stücke in Deutschland nicht mehr gespielt werden können. Zugleich verfasst er Skizzen und Fragmente zum Thema »Flucht aus der Gegenwart« und entwickelt mit seinem Bruder den Plan zu einem bebilderten Briefroman mit dem Titel »Die Reise ins Paradies« (GW 1970, Bd. 4, S. 456 f.). Als Auftragsarbeit für den Max Pfeffer Verlag schreibt Horváth das Stück *Mit dem Kopf durch die Wand*, dessen Uraufführung am 10. Dezember in Wien bei der Kritik durchfällt. Darüber schreibt er später: »Einmal beging ich einen Sündenfall. Ich schrieb ein Stück, ›Mit dem Kopf durch die Wand‹, ich machte Kompromisse, verdorben durch den neupreußischen Einfluß, und wollte ein Geschäft machen, sonst nichts. Es wurde gespielt und fiel durch. Eine gerechte Strafe« (Bd. 11, S. 227).

1936 Horváth arbeitet intensiv an seinen Stücken, sodass *Der jüngste Tag*, *Figaro läßt sich scheiden* und *Don Juan kommt aus dem Krieg* fertig werden. Er lebt meistenteils in Wien und in Henndorf bei Salzburg. Als er im August seine Eltern in Possenhofen besucht, wird ihm mitgeteilt, seine Aufenthaltsgenehmigung sei ihm entzogen und er habe Deutschland binnen 24 Stunden zu verlassen. Am 13. November wird *Glaube Liebe Hoffnung* in Wien unter dem Titel *Liebe, Pflicht und Hoffnung* uraufgeführt.

1937   Horváth beginnt, sich von fast all seinen Bühnenstücken zu distanzieren (vgl. ebd.), und plant das Projekt »Komödie des Menschen«, das er als Kontrast zu *Mit dem Kopf durch die Wand* (1935) begreift: »So habe ich mir nun die Aufgabe gestellt, frei von Verwirrung die Komödie des Menschen zu schreiben, ohne Kompromisse, ohne Gedanken ans Geschäft. Es gibt nichts Entsetzlicheres als eine schreibende Hur. Ich geh nicht mehr auf den Strich und will unter dem Titel ›Komödie des Menschen‹ fortan meine Stücke schreiben, eingedenk der Tatsache, daß im ganzen genommen das menschliche Leben immer ein Trauerspiel, nur im einzelnen eine Komödie ist« (ebd.). In Henndorf beendet er seinen Roman *Jugend ohne Gott*, der im Herbst im Amsterdamer Verlag Allert de Lange erscheint. Dem Romanerfolg, der mehrere Übersetzungen nach sich zieht, stehen einige Uraufführungen gegenüber, die aber meistens folgenlos bleiben: am 2. April *Figaro läßt sich scheiden* in Prag, am 24. September *Ein Dorf ohne Männer* in Prag, am 5. Dezember *Himmelwärts* in Wien, am 11. Dezember *Der jüngste Tag* in Mährisch-Ostrau. Noch im selben Jahr beginnt er mit der Arbeit an seinem zweiten Roman *Ein Kind unserer Zeit*, der ein Jahr später ebenfalls im Allert de Lange Verlag veröffentlicht wird.

1938   Starke Depressionen, Unzufriedenheit mit seinen Arbeiten und finanzielle Probleme hindern Horváth an der Vollendung seiner Pläne. Vom Romankonzept »Adieu Europa!« entstehen nur wenige Seiten. Während mehrere seiner Freunde Österreich verlassen – Walter Mehring (1896–1981) emigriert nach Zürich, Hertha Pauli (1909–1972) nach Paris, Franz Theodor Csokor (1885–1969) nach Polen –, fährt Horváth zunächst nach Budapest, später weiter nach Fiume. Von Budapest schreibt er an F. Th. Csokor: »Gott, was sind das für Zeiten! Die Welt ist voller Unruhe, alles drunter und drüber, und noch weiß man nichts Gewisses! Man müßte ein Nestroy sein, um all das definieren zu können, was einem undefiniert im Wege steht! Die Hauptsache, lieber guter Freund, ist: Arbeiten! Und nochmals: Arbeiten! Und wieder: Arbeiten! Unser Leben ist Arbeit – ohne sie haben wir kein Leben mehr. Es ist gleichgültig, ob wir den Sieg oder auch nur die Beachtung unserer Arbeit erfahren, – es ist völlig gleichgültig, solange unsere Arbeit der Wahrheit und der Gerechtigkeit geweiht bleibt« (GW 1970, Bd. 4, S. 680). Dem Besuch weiterer Städte folgt eine Besprechung am 1. Juni mit Robert Siodmak (1900–1973) in Paris, der eine Verfilmung von *Jugend ohne Gott* plant. Horváth beabsichtigt, am nächsten Morgen nach Zürich weiterzureisen. Gegen 19^{30} Uhr wird er von einem herabstürzenden Ast gegenüber dem Théâtre Marigny erschlagen. In seiner Tasche soll man auf einer Zigarettenschachtel folgende Zeilen gefunden haben: »Und die Leute werden sagen / In fernen blauen Tagen / Wird es einmal recht / Was falsch ist und was echt // Was falsch ist, wird verkommen / Obwohl es heut regiert. / Was echt ist, das soll kommen – / Obwohl es heut krepiert« (ebd., S. 688). Am 7. Juni findet die Beerdigung Ödön von Horváths auf dem Pariser Friedhof Saint-Ouen unter Anteilnahme vieler Exilautoren statt.

Text- und Entstehungsgeschichte

Da Ödön von Horváth seine schriftstellerische Arbeit kaum dokumentierte, kein Tagebuch führte und sich auch nur äußerst selten brieflich zu seinen Werken äußerte, ist über die genaue Entstehungsgeschichte der *Geschichten aus dem Wiener Wald* nur wenig bekannt. Daneben sah sich der Autor prinzipiell nicht in der Lage, sein literarisches Werk zu kommentieren, wie er in einem – allerdings später getilgten – Satz seiner »Gebrauchsanweisung« formulierte: »Leider bin ich nicht im Stande, über irgend eines meiner Stücke, irgend etwas zu erzählen. Ich kann meine Stücke nicht erzählen, es ist immer die kürzeste Form, wie ich es ausdrücken kann« (GW 1970, Bd. 4, S. 44). Auch die Auflistung des Materials der Vorarbeiten, angeblich soll es sich um elf Mappen handeln, vermag kaum Aufschluss darüber zu geben, wie Horváth das Stück im Detail entwickelte (vgl. Schmidjell, S. 75 ff.). Gleichwohl lassen sich Motive, Figuren und Themen aus seinen anderen Arbeiten finden, die er in diesem »Volksstück in drei Teilen« wieder aufnahm (vgl. die zusammenfassende Darstellung bei Bartsch, S. 79 f.). Denn der Autor bediente sich gerne eines Grundmusters an Figuren sowie Verhaltens- und Bewusstseinsformen, an denen sich immer wieder jene Dämonologie des Kleinbürgertums studieren lässt, die Horváth als Signum seiner Zeit verstand. Insbesondere das Fragment »Ein Fräulein wird verkauft« (ca. 1928) liefert wichtiges Material, auf das er in den folgenden Jahren gerne zurückgriff. Aber auch Konstellationen seiner Posse *Rund um den Kongreß* oder des Romans *Der ewige Spießer* sind im späteren Drama Horváths zu finden. Daneben lassen auch die Entwürfe »Schönheit« sowie die Konzeption eines »Volksstückes in sieben Bildern« unter dem Titel »Die Schönheit aus der Schellingstraße« (vgl. Mat. VII, S. 31 ff.) genauer erkennen, aus welchen Vorstufen sich schließlich das Stück entwickelte, welche Motive er fallen ließ und welche er auch für die endgültige Textfassung der *Geschichten aus dem Wiener Wald* benutzte. Eher marginal sind dabei die Namensänderungen: So heißt Marianne in den Entwürfen noch Agnes wie das Fräulein Pollinger in den gleichna-

migen Geschichten (vgl. GW 1970, Bd. 4, S. 478 ff.), und Valerie
tritt noch als Luise auf. Auffallend und entscheidend ist zugleich
v. a. die Tatsache, wie Horváth in der Endfassung seines Stückes
konkrete Hinweise auf die gesellschaftlichen Verhältnisse zu-
nehmend tilgte, indem er etwa die Figur des politisch engagier-
ten »Schminke« (vgl. GW 1988, Bd. 2, S. 207–230) vollständig
aufgab und auch die zahlreichen deutlichen Ausführungen über
die schlechte ökonomische Lage des Mittelstands beiseite ließ.
Diesem Thema galt in den Jahren um 1930 sein besonderes Interesse, weshalb er es auch in einem detailliert konzipierten Roman »Der Mittelstand« darstellen wollte (vgl. Mat. VII, S.
179 ff.).

Abschluss des
Manuskripts
Horváth beendete die Arbeit an den *Geschichten aus dem Wiener Wald* vermutlich Ende Juni 1931, denn der Regisseur der
Uraufführung Heinz Hilpert berichtet: »Als mir Horváth im
Sommer des Jahres 1931 sein Stück *Geschichten aus dem Wiener Wald* übergab und ich es gelesen hatte, war ich so fasziniert
davon, daß ich sofort beschloß, es auch zu inszenieren« (Mat. I,
S. 34). Am 8. Juni war das Drama bereits unter dem Gattungs-
begriff »Satirisches Volksstück« als neues Werk in der Zeitschrift *Die Deutsche Bühne* angekündigt worden. In einem Zei-
tungsbericht vom 5. Juli anlässlich der Wiener Premiere der *Ita-
lienischen Nacht* wird Horváth mit den Worten zitiert: »*Geschichten aus dem Wiener Wald*, ein Wiener Volksstück ist die
Arbeit, die ich eben beendete; Reinhardt und Martin haben es
bereits angekündigt und einer von den beiden wird es im Herbst
in Berlin herausbringen.« Ganz so schnell ging es dann doch
nicht. Nachdem Ende September die Proben begannen, bestätigte am 17. Oktober der Ullstein-Verlag die Annahme des Stückes
für seinen Bühnenvertriebsverlag Arcadia, und am 2. November
Uraufführung
des Stücks
fand schließlich die Premiere im Berliner »Deutschen Theater«
in der Schuhmannstraße statt: »Laut Soufflierbuch beträgt die
Dauer der Vorstellung 142 Minuten« (Mat. IX, S. 76). Noch am
gleichen Tag, nicht zuletzt auch als Folge der Zuerkennung des
renommierten Kleist-Preises durch Carl Zuckmayer an Ödön
von Horváth und Erik Reger eine Woche zuvor, bestätigte ihm
sein Verlag eine Buchausgabe des Stückes. Die Kritik, außer der
konservativen und nationalsozialistischen (als »Miststück«

wurde es im *Angriff* attackiert), zeigte sich von dem Bühnenwerk und seinem Autor gleichermaßen begeistert. Wie sehr, lässt sich dank Traugott Krischkes Dokumentation (Mat. X, S. 136 ff.) auf fast 50 Seiten nachlesen. Am 10. Dezember 1931, einen Tag nach Horváths 30. Geburtstag, fand die letzte Vorstellung statt, sodass es insgesamt 37-mal zu sehen war. Trotz des Bühnenerfolgs, zu dem nicht zuletzt die erstklassige Besetzung mit Carola Neher (1900–1942) als Marianne, Paul Hörbiger (1894–1981) als Rittmeister, Hans Moser (1880–1964) als Zauberkönig, Peter Lorre (1904–1964) als Alfred und vielen anderen Bühnenstars der Weimarer Republik beitrug, kam es nicht mehr zur Aufführung im Wiener Theater in der Josefstadt, wie es Horváths Bühnenverlag in einem Flugblatt noch Anfang des Jahres 1932 angekündigt hatte. Auch Berthold Viertel (1885–1953), dem Horváth das Stück ein Jahr später schickte, konnte es nicht mehr auf die Bühne bringen, ebenso wenig wie die Hamburger Kammerspiele, die es für Mai 1933 annoncierten und stattdessen ein Stück von Johann Nestroy (1801–1862) spielten.

Die Sprache Ödön von Horváths

Fällt heute der Name des Dramatikers Horváth, so dürfte sich dessen Bekanntheit wohl weniger seinen außergewöhnlichen Dramenhandlungen verdanken, seinen komplexen Bühnenkonstellationen oder Zitaten aus seinem Werk. Den Theaterbesuchern werden keineswegs erinnerungswürdige »schöne Stellen« geboten, auf die gespannt gewartet wird, um dabei die Probe aufs Exempel zu machen, wie es um die Regiequalitäten steht. Nur schwer lässt sich aus seinen Stücken zitieren, denn zu oft zitiert er selbst die verschiedensten Rede- und Denkweisen, indem er auf den Sprachduktus des Kleinbürgertums zurückgreift und das zuweilen oft klischeehafte Sprachmaterial seiner Zeitgenossen ausstellt, konkret: stehende Redewendungen, abgegriffene Redensarten, Zitate aller Art. Auffallend sind dabei v. a. Diskrepanzen, etwa auf der einen Seite zwischen dem Thema der Rede und der Stilebene: So zärtlich und liebevoll wie in den *Geschichten aus dem Wiener Wald* über die Blutwurst wird über die Menschen nicht gesprochen. Auf der anderen Seite ist die Diskrepanz zwischen der Erwartung, wie von den Dingen gesprochen werden sollte und wie sie tatsächlich zum Thema der Rede werden, nicht zu überhören. Insofern fällt die Absicht der Akteure und deren sprachliche Artikulation in Horváths Stücken meist auseinander, die verbale und die nichtverbale Ebene innerhalb eines Dialogs entsprechen sich kaum und offenbaren häufig die Widersprüche, die erneut zum Gesprächsthema werden können. Nicht selten erweisen sich die argumentativen Wege der Figuren als Sackgassen. Und wenn zu Beginn des Stücks die Mutter sowohl die »prächtige Fernsicht« als auch die »instruktive Rundsicht« (S. 12,30–31) preist, dann ist der Gegensatz zur Einsicht des Bühnenpersonals und dessen eher beschränkte Sicht der Dinge sprachlich so arrangiert, dass sich diese Ansicht am Ende als klarer Trugschluss erweist.

Auffallend ist sicherlich, und dies charakterisiert vermutlich die meisten guten Horváth-Aufführungen, mit welch sezierender Genauigkeit der Autor seine Figuren sprachlich zu fixieren vermag, wie sehr sich ihre Persönlichkeit v. a. im sprachlichen Aus-

Sprachduktus des Kleinbürgertums

druck oder auch in ihrer Ausdruckslosigkeit offenbart. Indem Horváth es versteht, neben Sprachmaterialien aller Art auch Tonfälle exakt auf Papier zu bannen, wird am Ende stets ein Panoptikum mit schlichten, einfach denkenden Menschen erkennbar. In deren Sprachgestus scheint immer auch schon ihr jeweiliger Lebensgestus durch, sodass noch in vermeintlich unwichtigen Passagen, quasi im Verborgenen, ihr wahrer Charakter zum Vorschein kommt. So lässt sich am Dialog zwischen Valerie und Oskar (S. 66 f.) erleben, »welche Phantasievorstellungen ein in den Augen der Mitbürger harmlos und friedfertig erscheinender Christenmensch in sich tragen kann. Seine unheimliche Gewaltbereitschaft wirkt um so mehr beunruhigend, als er scheinbar von sich spricht, dabei aber ›an Mariann denkt‹ und unzweideutig sie auch meint. Von vornherein nimmt der Scheinmoralist den letalen Abgang des kleinen Kindes wie selbstverständlich und ohne Skrupel in Kauf. Er, der völlig lieblose Verfechter seiner ›Liebe‹, hat keinerlei Interesse an der Erhaltung ›fremden‹ Lebens. Sein Sprechen entlarvt ihn als kirchenfrommen Heuchler und Lügner, der gut zur mordenden Großmutter paßt« (Buck, S. 389). Daneben zeigt die Gegenüberstellung Oskars – fast könnte man vom Paradox der Verhaltensweisen sprechen: »ich werde dich auch noch weiter lieben, du entgehst mir nicht« (S. 43,6–7) –, Horváths Kunst, Widersinniges sprachlich zu verbinden, denn im Satzbau gibt es keine Trennung von hohem Anspruch und niederem Benehmen. Als gelungenes Beispiel für und zugleich als Einführung in die »hohe Schule des Aneinandervorbeiredens« – nicht zufällig steht er ganz am Anfang des Stückes – mag der Dialog Alfreds mit seiner Mutter gelten. Keiner hört dem anderen zu, und man hat den Eindruck, jeder halte nur einen Monolog. So folgt dem Hinweis auf das Ersticken jener über die Freude am Essen. Dies bleibt aber ohne Konsequenz, vielmehr weist das unheimliche Wortspiel »ersticken – stecken« auf die wohl unheimlichste Figur des Stückes hin: »die liebe Großmutter« (S. 10,26–27). Zum Verständnis soll es weniger kommen, denn laut Rittmeister versteht man sich selbst nicht mehr, und deswegen ist auch das Verständnis der anderen erschwert (S. 75,12–14).

Letztlich entsteht beim Zuschauer keineswegs das Bild einer in-

»Hohe Schule des Aneinandervorbeiredens«

dividuellen Rede der einzelnen Figuren, die Vorstellung einer persönlichen Artikulation der Akteure, vielmehr ist meist nur ein allgemeines Sprechen wahrzunehmen. Im Diskurs der permanenten Rede verschwinden mitunter deren Inhalte. Denn Horváth geht es kaum darum, seine Figuren mit einem jeweils eigenen Sprachduktus vorzustellen. Fragen und Antworten gelten ihm weniger als Mittel zur Personencharakteristik, eher weisen sie auf einen allgemeinen Sprachzustand hin. Seine Inszenierungen der Sprachbewegungen, die oftmals ihre Unterbrechungen in der Regieanmerkung »Stille« haben, lassen die Sprecher nicht mehr individuell reagieren, da sie alle im »Fluß der Sprache« schwimmen. Vom Strom der Redeweisen mitgerissen, erweisen sie sich als Repräsentanten eines Jargons, als Mitglieder einer sozialen Schicht, als Angehörige jenes Kleinbürgertum, über dessen Bedeutung Horváth in seiner »Gebrauchsanweisung« schreibt: »Zu einem Volksstück, wie zu jedem Stück, ist es aber unerläßlich, daß ein Mensch auf der Bühne steht. Ferner: der Mensch wird erst lebendig durch die Sprache. Nun besteht aber Deutschland, wie alle übrigen europäischen Staaten zu neunzig Prozent aus vollendeten oder verhinderten Kleinbürgern, auf alle Fälle aus Kleinbürgern. Will ich also das Volk schildern, darf ich natürlich nicht nur die zehn Prozent schildern, sondern als treuer Chronist meiner Zeit, die große Masse. Das ganze Deutschland muß es sein!« (Bd. 11, S. 218 f.) Deshalb

Horváths »totaler Jargon«

spricht Winfried Nolting zu Recht von Horváths »totalem Jargon« in Anlehnung an dessen Beschreibung des »Bildungsjargons«. In diesem sah Horváth die charakteristische Sprachform seiner Bühnenfiguren: »Es hat sich nun durch das Kleinbürgertum eine Zersetzung der eigentlichen Dialekte gebildet, nämlich durch den Bildungsjargon. Um einen heutigen Menschen realistisch schildern zu können, muß ich also den Bildungsjargon sprechen lassen. Der Bildungsjargon (und seine Ursachen) fordert aber natürlich zur Kritik heraus« (ebd., S. 219). In diesem »Jargon der Uneigentlichkeit« und dieser Art von »Ersatzsprache« (vgl. Hildebrandt, Mat. II, S. 236) liegt denn auch ein Geheimnis der Dramatik Horváths. Nur schwer lässt sich die Gestalt und Gestaltung seiner Figuren nach der Aufführung in Worte fassen, ohne dass die Nacherzählung ihres Verhaltens plump wirkt. Und mindestens ebenso schwer lassen sich Horváths Dialoge umschreiben, denn sie sind anaphorisch, elliptisch und dienen weniger der Mitteilung als dem Sprechen an sich. Ziel ist deshalb nicht der Austausch von Informationen, die erfolgreiche Kommunikation, sondern die Inszenierung eines Gesprächs und der Automatismus der Rede. Die Beliebigkeit der Sätze führt letztlich auch dazu, dass sich in der Erinnerung kaum die Szene einstellt, in der jener Satz unbedingt fallen müsste. Formulierungen wie »Wir müssen alle mal fort« (S. 17,17), »Der Mensch denkt und Gott lenkt« (S. 34,23), »Gottes Mühlen mahlen langsam« (S. 66,35) oder »Gott gibt und Gott nimmt« (S. 106,10) ließen sich fast auf jeder zweiten Seite problemlos einfügen. Und Kommentare wie »sicher ist sicher« (S. 26,9) oder »stille Wasser sind tief« (S. 74,9) könnten von jeder Figur des Stückes gesprochen werden, da sie für keine Person charakteristisch sind. Einher mit dieser Austauschbarkeit der Kommentare geht auch die fehlende Entwicklung der Dramenfiguren, weshalb sich ihre Aussagen wiederholen, wie etwa Oskars Hinweis an Marianne »du entgehst mir nicht« (S. 43,6–7 und 106,24). Das Geschehen bewegt sich im Kreis, statt einer Entwicklung und ständig neuer Ereignisse kehren in Horváths Drama Sujets geradezu leitmotivisch wieder: z. B. das Messer, die Sockenhalter, Havlitscheks Wurst, das böse Lächeln Oskars, das Sau-Abstechen sowie neben dem Zitherspiel der Großmutter insbesondere das Klavierspiel der Realschülerin. Als Rondo en miniature inszeniert Horváth seinen chiastisch arrangierten Sprachkurs »Modalverben«. Dieser soll zeigen, wie vielfältig sich die Verhaltensweisen im Blick des Betrachters ausmachen, wenn es nicht um die Handlungen selbst geht, sondern v. a. darum, ob es diese geben darf, soll, kann, und ob man das letztlich gar alles will.

Von Karl Kraus (1874–1936) stammt das Bonmot »Schein hat mehr Buchstaben als Sein«, dessen Wahrheit sich noch in fast jedem Horváth-Stück bestätigt findet. Von daher beschreibt dieses Motto genau jene sprachlichen Verhaltensweisen der Akteure, wenn es darum geht, wie sie miteinander sprechen, aufeinander reagieren und zum Teil gegeneinander agieren. Im Vordergründigen erweisen sich die Figuren nicht selten als reichlich hinterhältig. Selbst vor Tautologien schrecken sie nicht zurück, wenn es um eine plausible Erklärung ihrer Handlungen geht. So verdiente es Alfreds Hinweis, dafür trage aber nur sein »Verantwortungsgefühl die Verantwortung« (S. 43,18–19), zweifellos ins Buch der besten Ausreden aufgenommen zu werden. Mit Worten versucht Horváths Bühnenpersonal sich gegenseitig einzulullen, doch das Publikum entdeckt ihren verborgenen Sinn. Von daher haben die scheinbar so einfachen Dialoge nichts mit einer »einfachen Sprache« Horváths zu tun. Vielmehr erscheint sie auf den zweiten Blick als durchaus konstruiertes Bühnendeutsch, das den Zuschauern ebenso zu gefallen vermag wie die spielerische Entdeckung des »Bildungsjargons« in seinen Stücken.

Theatergeschichte

Auch wenn Schriftsteller und ihre Werke zunächst nichts mit
Aktien an der Börse gemein haben, so scheinen beide dennoch
enormen Schwankungen hinsichtlich der Nachfrage eines interessierten Publikums zu unterliegen. So war es Bertolt Brecht
(1898–1956), der im Kontext der Verleihung des Kleist-Preises
an ihn im Jahre 1922 darauf hinwies, dass die Brecht-Hausse
ebenso wie die Brecht-Baisse, die ihr folgen werde, »auf einem
Mißverständnis« beruhe. Gleiches gilt zweifellos für die Rezeption Ödön von Horváths und seines Œuvres, wobei der Unterschied zwischen Brecht und Horváth gerade darin liegt, dass
letzterer es fast immer vermied, seine Arbeit und deren Resultate, seien es die Dramen oder seien es die Romane, zu kommentieren. Insofern sind anfänglich in der Literatur über den Kleist-
Preisträger neben wenigen allgemeinen Studien zu seinem Gesamtwerk v. a. jene über die Mechanismen seiner Rezeption zu
finden (vgl. Jarka/Lechner, in: Mat. VI, S. 156 ff., S. 185 ff.).
Dabei lässt sich die Wertschätzung Ödön von Horváths zuweilen als kontinuierliche Abwechslung von Ignoranz und Begeisterung beschreiben. Der Titel einer Untersuchung aus dem Jahre
1980 (»Ödön von Horváth – verschwiegen – gefeiert – glattgelobt«) vermag noch immer jenen Zyklus zu beschreiben, nach
dem Horváth abwechselnd Zuspruch und Widerspruch erfährt.
Als neuestes Motto könnte nun auch gelten: »Horváth, eine
Normalisierung« (Bartsch, S. 3).
Wenn heute *Geschichten aus dem Wiener Wald* als sein wohl
bekanntestes Werk gelten kann, keineswegs sein am häufigsten
gelesenes, so verdankt sich dieser Umstand v. a. seiner Bühnenpräsenz in den letzten 30 Jahren. Obwohl mit großem Erfolg am
2. November 1931 am Deutschen Theater in Berlin uraufgeführt (vgl. Mat. X, S. 136 ff.), blieb diese Inszenierung mit insgesamt 37 Abenden lange Zeit die einzige, denn alle angekündigten konnten auf Grund der politischen Verhältnisse nicht realisiert werden. Der Theaterskandal, den die österreichische Premiere 1948 im Wiener Volkstheater auslöste, trug ebenfalls wenig zur Popularität des Stückes bei, weder auf Seiten der Bühnen

noch auf Seiten der Zuschauer. 20 Jahre dauerte es, bis die *Geschichten aus dem Wiener Wald* wieder in Wien zu sehen waren. 1968 wurde der Autor gefeiert, die Zeiten hatten sich geändert. Gerade die eher gesellschaftspolitischen Stücke Horváths waren nunmehr gefragt, ganz im Gegensatz zu seinen späteren Arbeiten, die nach dem Krieg zunächst hoch im Kurs gestanden hatten. Der Gegensatz zwischen dem Mystiker und dem Realisten Horváth, der sich immer wieder in den Analysen seines schriftstellerischen Werks findet, durchzieht auch die Aufführungsgeschichte des Stücks. Die Probe aufs Exempel markiert dabei stets die Antwort auf die Frage: »Wie setzt die Inszenierung den Hinweis Horváths um, das Stück ›spielt in unseren Tagen, und zwar in Wien, im Wiener Wald und draußen in der Wachau‹?« (S. 8,6–7). Daneben scheinen die Regisseure, insbesondere im Anschluss an die Edition des Gesamtwerks, verstärkt auf die – meist sehr spärlichen – Kommentare des Autors zurückzugreifen, dem Motto entsprechend: »Wir halten uns genauestens an den Text und setzen daneben auch Horváths ›Gebrauchsanweisung‹ wortgetreu um, oder wir nehmen davon überhaupt keine Kenntnis, weil wir Textpassagen aus früheren Fassungen oder anderen Arbeiten in die aktuell gespielte Bühnenfassung integrieren.« Zuletzt scheint auch die Auseinandersetzung mit Brechts Theater nicht ohne Konsequenzen für die Beschäftigung mit dem Werk Horváths zu bleiben. So wird einerseits der Gegensatz der beiden Dramatiker betont und versucht, sie gegeneinander auszuspielen; andererseits wird nicht selten Horváth mit den Mitteln Brechts oder in dessen Sinne auf die Bühne gebracht, fungiert das epische Theater Brechts gleichsam als Geburtshelfer für moderne Inszenierungen der eigenwilligen »Volksstücke« Horváths. Die Nähe oder die Distanz zu all diesen Fragen bestimmt auch die neuesten Inszenierungen. Doch für die meisten Zuschauer dürfte verborgen bleiben, auf welche Weise in einer aktuellen Präsentation die Auseinandersetzung mit früheren Darbietungen und letztlich die Konfrontation mit der bisherigen Bühnengeschichte eines Horváth-Stückes mitinszeniert wird.

Für die Theatergeschichte der *Geschichten aus dem Wiener Wald* bedeutet dies, die markantesten, weil eigenwilligsten Re-

Gegensatz zwischen Mystiker und Realist

giekonzepte quasi als Kurzfilm Revue passieren zu lassen. Der
Flüchtigkeit des Bühneneindrucks stehen dabei gleich drei Film-
versionen gegenüber – zwei Fernsehfassungen (1961 im Österreichischen Fernsehen unter der Regie von Erich Neuberg und
1964 im Bayerischen Fernsehen eine Aufzeichnung der schwei-
zerischen Premiere in Zürich unter der Regie von Michael Kehl-
mann) und ein Kinofilm (1979 unter der Regie von Maximilian
Schell) –, die es erlauben, Horváths Drama genauer zu studieren.

Verfilmungen

Es verwundert kaum, dass sich als roter Faden durch fast alle
Rezensionen die Lobeshymnen auf einzelne Schauspieler ziehen,
bietet das Stück doch eine Vielzahl herausragender Rollen, mit
denen Mimen ihre Kunst der Menschendarstellung zum Ausdruck bringen können. Daher hat wohl noch jede herausragende
Inszenierung auch ihren »großen Darsteller« oder »einzigartige
Darstellerin«, an die man sich auch nach Dekaden noch zu erin-
nern vermag. Ebenso wenig überrascht es, wenn die ersten Aufführungen des Stückes, nach der Premiere 1931 und dem Skandal 1948, gerade wegen ihrer »Authentizität« gelobt werden,
wie etwa die Erstaufführung in der Schweiz 1964. Noch ging es
v. a. darum, Horváths Werk dem Publikum erst einmal zu zeigen, den Dramatiker der späten Zwanzigerjahre als Zeitgenossen Brechts, Zuckmayers, Ferdinand Bruckners (1891–1958)
oder Friedrich Wolfs (1888–1953) vorzustellen. In späteren Jahren, als das Stück bereits bekannter war, konnte v. a. das Bühnenbild in den Mittelpunkt gerückt werden: 1967 beeindruckt
es in München, da man »Horváths bedrängendes, von Wider-
ständen schweres Universum in seiner ganzen Massivität« (Urs
Jenny) sehen könne, und auch in Berlin fasziniert im gleichen
Jahr die Mischung aus Realismus und Gartenlauben-Kitsch in
Form übergroßer Titelblätter der Noten von Wiener Walzern. Je
mehr Aufführungen es in den folgenden Jahren gibt, umso deutlicher wird auch die Messlatte, an der Erfolg oder Misserfolg der
einzelnen Aufführungen abgelesen werden kann. So fällt Berlin
gegenüber Zürich und München zunächst einmal durch, da
nach Friedrich Torberg (1908–1979) die Darsteller des Alfred
und »all der zwielichtigen Horváth-Helden und Peripherie-Ty-
pen« künftig an Helmut Lohner gemessen werden sollten. In

diesen Jahren um 1970, als Horváths *Gesammelte Werke* erscheinen, zahlreiche Kolloquien und Ausstellungen zu seinem Werk stattfinden, entwickelt sich auch der Typus des genuinen Horváth-Regisseurs. Dieser, Hans Hollmann kann als Prototyp gelten, inszeniert mehrere Stücke des Autors, begründet seine Absichten theoretisch und publiziert sie anschließend (vgl. Mat. III, S. 96 ff.), um so eine Auseinandersetzung über Prinzipien einer Horváth-Regie zu ermöglichen, der Wolf Dietrich mit seinen »Grundsätzen für heutige Horváth-Regisseure« (ebd., S. 102 ff.) folgt. Hans Hollmanns Düsseldorfer Inszenierung von 1971 ist für die Zukunft insofern folgenreich, als das Stück so »realistisch« arrangiert wird, dass es zur Einsicht führen sollte: »Die *Geschichten aus dem Wiener Wald* sind keine Auseinandersetzung von Kunst mit einer anderen (Nicht-)Kunst, sie sind keine Antwort auf die Operetten und Volksschmankerln, sondern eine dramatische Analyse der Wiener Wirklichkeit. Nicht, daß es Operetten gibt, nicht, was sie verzeichnen, interessierte Horváth, sondern, was sie nötig macht für das Bewußtsein« (Hellmuth Karasek). Dieser textgetreuen Ausstellung von Kitsch und einem Menschenzoo Wien anno 1930 setzt Klaus Michael Grüber 1972 an der Berliner Schaubühne einen Horváth gegenüber, den er philologisch präpariert, indem er den Dramentext durch verschiedene Materialien, etwa aus dem Roman-Exposé »Der Mittelstand« ergänzt. Das Ergebnis – »die Textfassung ist marxistisch, die Inszenierung surrealistisch« (Henning Rischbieter) – spaltet zwar die Kritik, markiert aber zugleich den äußersten Standard einer Deutung, die sich einerseits v. a. um die präzise Darstellung einer Gesellschaftsschicht bemüht und die sich andererseits keineswegs auf ein »Abbild« einer Zeit beschränken will, da sie auch die Utopie einer besseren Welt entwirft. Die weiteren Inszenierungen der Siebzigerjahre bewegen sich dann konsequent zwischen den beiden Polen, hier Realismus und Menschendarstellung, dort Stilisierung und Zerlegung des Stückes, was teilweise bei beiden Darstellungsweisen mit einer Denunziation der Figuren einhergeht; oder anders ausgedrückt: Der historischen Perspektive auf eine Epoche, die zur Vergangenheit zu rechnen ist, steht der allgemeine Blick auf Verhaltensweisen und Zustände gegenüber, die als unveränderlich

H. Hollmann

K. M. Grüber

Kommentar

erscheinen. Zugleich lassen sich die Inszenierungen auch verstärkt hinsichtlich der Frage vergleichen, wie es die Regisseure mit der Darstellung Wiens halten – Affirmation contra Desillusionierung –, zumal in diesen Jahren sowohl Otto Schenk als auch Hans Hollmann das Stück zum zweiten Mal auf die Bühne bringen (vgl. auch die vergleichende Aufführungsanalyse Kurzenbergers, in: Bartsch (Hg.), S. 83 ff.).

Horst Zankls Inszenierung des Stücks in Stuttgart 1975 kann als ein wichtiger Einschnitt in der Geschichte der Horváth-Aufführungen gelten, insofern sie sich v. a. als Illustration der Thesen des Dramaturgen Herbert Gamper erweist (vgl. seine 72 Seiten Dramenexegese im Programmbuch Nr. 7), der sich anderenorts schon mehrfach als profunder Horváth-Philologe präsentierte. Entschieden setzt sich diese Aufführung von Grübers Deutung des Stückes als historisch begründeter Alptraum und Groteske ab und deutet es vielmehr als Allegorie. Zentrale Punkte des Dramas sind in Stuttgart die Motive von Sterben und Tod, weshalb auf der Bühne letztlich ein »ausschließendes Konzept« zu sehen ist: das Volksstück als »Todestanz« (Peter Iden). Gemessen an diesen beiden Inszenierungen, die wohl kaum verschiedener sein konnten, zeigen die weiteren Inszenierungen der Siebzigerjahre nichts Innovatives. Ganz im Gegenteil: Maximilian Schells Londoner Inszenierung *Tales from the Vienna Woods* (1977) gilt als Debakel, denn Horváth »widerfuhr es, an eben den Stumpfsinn ausgeliefert zu werden, den er bewußtseins-demaskierend angeschrieben hat« (Urs Allemann). Diese »im flotten Musical-Stil präsentierte Wien-Show für Ausländer« stand in der Verfilmung zwei Jahre später gleichfalls im Vordergrund, wobei der genüsslich zelebrierte Wiener Dialekt nahezu aller Darsteller als schallende Ohrfeige für Horváth und dessen Darstellungsprinzipien in seiner »Gebrauchsanweisung« wirken musste. Daneben fehlte ein überzeugender Grund, weshalb das Stück überhaupt auf die Leinwand gebracht werden sollte. Gleichwohl trug Schells Film entscheidend zur weiteren Popularität des Autors und eingeschränkt seines Stückes bei. Danach macht sich allerdings eine gewisse Müdigkeit breit. In den Achtzigerjahren kommt es zu nur wenigen und zu keiner herausragenden Inszenierung, denn jene Michael Gruners in Düsseldorf 1985 verzich-

H. Zankl

M. Schell

M. Gruner

tet auf eine deutliche Perspektivsetzung. Mag es an den politischen Veränderungen zu Beginn der Neunzigerjahre liegen, die *Geschichten aus dem Wiener Wald* werden nun wieder häufiger gespielt. Und angesichts des Golfkriegs kann Gerhard Jörder in einem Aufführungsvergleich zweier Aufführungen in Frankfurt und Stuttgart 1991 mit Recht betonen: »Diese atemberaubend kurzen Wege zwischen Gemüt und Wahnsinn, Seelenfrust und Fleischeslust, zwischen Bussi und Blutwurst, Gaudi und Mord, ›Küß die Hand‹ und ›Krepier‹ – sie führen uns ja nicht abseits in den Folklorewinkel austriakischer Seelenspezialitäten und nicht zurück in ein Wachsfigurenkabinett depravierter Kleinbürger der späten zwanziger und frühen dreißiger Jahre, sie treffen schnurgerade auch auf den fortdauernden Atavismus in uns heutigen Zauberkönigen: › Krieg wirds immer geben! Kultur oder nicht Kultur – Krieg ist ein Naturgesetz! Akkurat wie die liebe Konkurrenz im geschäftlichen Leben!‹« Auch Horst Ruprechts Inszenierung in Leipzig 1993 will weniger in ein historisches Panoptikum hineinschauen, denn »wir stecken mittendrin«. Auf diese Weise wird auch die Distanz zur DDR-Erstaufführung deutlich, die er 1976 inszenierte, als die Fronten klar waren und der retrospektive Blick dominierte: Auf der Bühne sah man nur historische Figuren. Wenn Horváths Stück immer häufiger als eine Parabel für die Gegenwart verstanden wird, zeigt sich jene Problematik, die Franz Wille anlässlich einer Berliner Aufführung 1995 deutlich formulierte: »Mit diesem Stück zeigefingernd darauf hinweisen zu wollen, warum eine sozial bedrohte kleinkrämerische Welt schlecht werden muß, heißt nicht nur offene Scheunentore einrennen, sondern dem fehlenden Widerstand den denkbar ungeeignetsten Rammbock entgegensetzen. Denn hinter einer alten Geschichte muß sich niemand mehr verstecken, und Menschen nach der alten schlichten Rechnung gutreden, weil es ja nur die Verhältnisse seien, die sie schlecht gemacht hätten, heißt Horváths realistischen Blick mit einer zartrosa Brille vernebeln.« Zwei Jahre später fragt sich der Kritiker Michael Merschmeier mit Blick auf gleich drei Horváth-Aufführungen, darunter die *Geschichten aus dem Wiener Wald* in München, was die Regisseure dazu bewegte. Für ihn kann es »ein direkter politischer Impuls nicht sein, denn Horváths Kleinbür-

H. Ruprecht

M. Merschmeier

ger gibt es so kaum mehr (oder sie sitzen nicht im Parkett dieser Theater). Vor allem: Die ›richtigen‹ Bürger sind doch längst nicht mehr so tumb und borniert wie die Barone und Kommerzienräte, denen noch gerade vergangene Kaiserreiche in Blut und Kopf herumirrten. Auch umgekehrt wird kein Motiv draus: Der drohende Faschismus zu Beginn der Dreißiger gleicht in fast nichts den derzeitigen politischen Zuständen in Deutschland, nicht einmal in Österreich: Haider ist nicht Hitlers Enkel (sondern ganz anders – anders gefährlich).« Die selbstgestellte Frage, ob hier mit Horváth ein Ausweichmanöver stattfinde, beantwortet der Kritiker der Zeitschrift *Theater heute* zwar nicht direkt, doch die Münchner Inszenierung von Hans Neuenfels fällt unten durch, da dieser sich nicht entscheiden kann, »wie's denn nun sein soll: stilisiert, realistisch, künstlich, was auch immer. Aber auf jeden Fall gilt: politisch muß es sein.« Listet dieser Kommentar fast alle Möglichkeiten auf, wie Horváth bisher gespielt wurde und wie er auch zukünftig zu spielen sein wird, so ist daran auch abzulesen, welche Kriterien ausschlaggebend sein könnten für eine adäquate Horváth-Inszenierung: kein Sammelsurium von Darstellungsweisen, keine Präsentation von ungebrochenen Figuren und Typen, sondern vielmehr ein Arrangement, das Menschen zeigt, deren Handlungen detailliert das zum Ausdruck bringen, was Horváth in seinem Werk zeigen wollte: »Alle meine Stücke sind Tragödien – sie werden nur komisch, weil sie unheimlich sind. Das Unheimliche muß da sein« (Bd. 11, S. 257). Ein Jahr später, 1998, versucht Michael Merschmeier noch einmal die Faszination Horváths und seiner *Geschichten aus dem Wiener Wald* anhand eines Aufführungsvergleichs zu ergründen, denn das Stück wird gleich dreimal gespielt: im Wiener Volkstheater inszeniert Michael Gruner, in Hamburg Martin Kušej und Wolf-Dietrich Sprenger in Hannover. Merschmeiers Antwort wirkt schlüssig und kann als kurze Zusammenfassung der Aufführungsgeschichte gelesen werden. Für ihn ist der Autor Horváth – im Vergleich zu Shakespeare (1564–1616) – ein kleinerer »Schwamm« mit den folgenden Eigenschaften: »Seine dramatischen Szenen sind zwar aus einer genau umreißbaren historischen Wirklichkeit aufgesogen – das ›Volksstück in drei Teilen‹ von 1931 ›spielt in unseren Tagen, und

H. Neuenfels

zwar in Wien, im Wiener Wald und draußen in der Wachau –, aber je nach dem, wer diese Stücke wann und wo auspreßt, können ihnen immer Bilder der jeweils aktuellen Wirklichkeit entspringen. Horváth ist verständlicherweise seit seiner Wiederentdeckung in den sechziger Jahren ein Liebling der Dramaturgen und Regisseure. Mit seinen Texten läßt sich trefflich ein Spielplankonzept formulieren, nahe am Puls der Zeit – und trotzdem mit den Weihen und Würden eines Klassikers der Moderne versehen. *Geschichten aus dem Wiener Wald*: Da sitzen also allemal Heutige beim Heurigen, ob die Szenen nun vornehmlich gedeutet werden als psychologische Dokumente des Geschlechter- und Generationenkampfes – mit Marianne als zentraler Figur; als ideologische Belege dafür, wie die schiere Geldgier die Arbeit und mit ihr die Arbeitsmoral und letztlich alle gesellschaftliche Einbettung vernichtet – mit Alfred als Mittelpunkt; oder als Bestätigung, daß und wie aus dem Morast des deutsch-österreichischen Kleinbürgertums notwendig der Nationalsozialismus entstehen mußte – mit Hauptaugenmerk auf den männerbündlerischen Zauberkönig und seinen hitlerjungen deutschen Neffen.« Was bei dieser Charakteristik und dem Hinweis auf Horváths »Facettenreichtum« allerdings unterzugehen scheint, ist die Möglichkeit der Zuschauer, der Leser und letztlich auch der Kritiker, noch in jeder Aufführung das jeweils für die eigene Vorstellung passendste Regiekonzept für sich zu entdecken. In dieser »Deutungsbeliebigkeit«, letztlich der unendlich vielen Darstellungsmöglichkeiten seiner Figuren und Sätze, könnte der offensichtliche Reiz sowohl für das Theater als auch für das Publikum liegen. Denn wie sonst wäre zu erklären, dass eine Frankfurter Inszenierung im Jahre 2000 den Kritiker Michael Grus

P. Eschberg

davon schwärmen lässt, wie sehr Peter Eschberg sich die Zeitangabe Horváths, »wonach das Volksstück ›in unseren Tagen‹ spielt, zu eigen gemacht hat, was keine größeren Eingriffe in die Textgrundlage erforderlich macht. Heute müsse man mit der Arbeit der anderen arbeiten und Geld mit Finanzierungsgeschäften verdienen, sagt der Strizzi Alfred zur besorgten Mama«, während sein Kollege Michael Hierholzer in ein und derselben Inszenierung gerade die Historizität der Darstellung entdeckt: »Nicht im Hier und Jetzt, auch nicht im Zeitlosen und

Allgemeinen, sondern im klar fixierten Dort und Damals bleibt angesiedelt, was der Dichter vor 70 Jahren als ›Volksstück‹, das zugleich die Parodie eines solchen ist, zu Papier gebracht hat.« Vielleicht liegt es auch an der immanenten Dramaturgie des Stückes und dessen Kreislaufstruktur, dass sich innerhalb der Aufführungsgeschichte die Spielweisen des Stückes abwechseln. Nicht nur die Aufführungsdauer variiert erheblich, etwa zwischen der fast vierstündigen Schaubühnen-Darbietung 1972 in Berlin und den knapp eineinhalb Stunden in Maximilian Schells Verfilmung, auch die Schauplätze scheinen beliebig veränderbar zu sein, wie Karin Beiers Kölner Inszenierung aus dem Jahre 1999 zeigt. Dort wird das Stück aus dem Wien des Jahres 1931 in die »fies-amerikanische Buntheit der fünfziger Jahre« verlegt, und »statt Walzer dudelt Walt-Disney-Musik« (Andreas Rossmann). Schließlich wird die Textfassung ebenfalls permanent verändert. Heute findet sich wohl nur noch selten eine Inszenierung, die sich Wort für Wort, Satz für Satz exakt an den abgedruckten Text hält. Zwar bleiben Einschübe aus anderen Texten (vgl. etwa das heftig diskutierte Beispiel der Berliner Inszenierung 1972) die Ausnahme, doch als Regel dürfte sicher gelten: Selbst den Horváth-Kenner überraschen Anordnungen und Argumentationen, wie etwa in Martin Kušejs Hamburger Inszenierung des Stückes (1998) als Panoptikum und Friedhof der Ideale, wenn etwa die Großmutter den Tod des kleinen Leopold damit erklärt, er sei beim Spielen in die Donau gefallen.

So kommen und gehen die Deutungen des Dramas als historisches Gesellschaftsporträt, ebenso wie die Inszenierungen eines allgemeinen Menschenzoos auftauchen und verschwinden. Schließlich sehen wir auf der Bühne den Zeitgeist in Horváths Figuren agieren, und bei der nächsten Inszenierung der *Geschichten aus dem Wiener Wald* sind diese Anspielungen wieder passé. Was bleibt aber ist mit Horváths eigenen Worten das Theater als »Kunstform«, das nicht untergehen kann, »weil die Menschen es brauchen. [. . .] Das Theater nimmt nun dem Zuschauer das Phantasierenmüssen ab, es phantasiert für ihn und gleichzeitig erlebt auch der Zuschauer die Produkte dieser Phantasie. Er lebt mit, das heißt vor allem: er begeht alle edlen und auch alle schändlichen Geschehnisse, die auf der Bühne vor sich

K. Beier

M. Kušej

gehen – und verläßt dann das Theater als ein kleiner Engel, oder auch als Mörder, Räuber und Ehebrecher. – Man nennt diesen Zustand Erhebung« (Bd. 11, S. 243 f.).

Ein Blick auf die Theatergeschichte von *Geschichten aus dem Wiener Wald* wäre allerdings unvollständig, wenn nicht zugleich auf jene Werke hingewiesen würde, denen Horváths Drama als konkrete Grundlage für ihre literarische Arbeiten diente. So schrieb Peter Handke (*1942) Anfang der Siebzigerjahre eine Prosaversion des Volksstücks unter dem Titel »Totenstille beim Heurigen«, während der Schauspieler und Kabarettist Helmut Qualtinger (1928–1986) Ende der Siebzigerjahre einen »Epilog zu ›Geschichten aus dem Wienerwald‹« als »Hommage pour Ödön von Horváth« verfasste. Eine solche Szene lag für den Autor Qualtinger nahe, nachdem er 1961 in der berühmten Fernsehverfilmung zunächst den Oskar neben Hans Moser als Zauberkönig spielte, später dann in dieser Rolle sowohl 1968 im Wiener Volkstheater als auch 1979 in Maximilian Schells Verfilmung auftrat. Behutsam greift Helmut Qualtinger die Geschichten Horváths auf, situiert seinen Epilog im Jahr 1940 und lässt das bekannte Bühnenpersonal in folgender Szenerie agieren: »*Stille Straße im achten Bezirk. Statt der Puppenklinik ›Zum Zauberkönig‹ ein Schuhgeschäft. An der Trafik ein Schild ›Wegen Todesfalls vorübergehend geschlossen‹. In der leeren Auslage der Fleischhauerei ein Hitlerbild und mit gotischen Lettern die Inschrift ›Arisches Geschäft‹. Im zweiten Stock übt jemand auf der Ziehharmonika ›Wovon kann der Landser denn schon träumen‹. Oskar steht in der Tür seines Geschäfts in seinem Traueranzug. Der Rittmeister erscheint.*« (Helmut Qualtinger: *Werkausgabe*, hg. v. Traugott Krischke, Wien 1996, Bd. 3, S. 233–238)

Doch nicht allein Horváths Dramen dienten als Material für andere Werke, sondern der Autor selbst wurde zur zentralen Figur in Christopher Hamptons Bühnenstück über deutsche Emigranten in Los Angeles. Der Übersetzer von Horváths Drama ins Englische schrieb Anfang der Achtzigerjahre seine *Geschichten aus Hollywood* (*Theater heute* 24, 1983, H. 5, S. 31–45). Darin nimmt er die Notiz von Horváths Romankonzept »*Adieu Europa*« zum Ausgangspunkt, der mit dem Satz beginnen sollte:

P. Handke

H. Qualtinger

Ch. Hampton

»Ein Poet emigriert nach Amerika …« Dieser Gedanke führt bei Hampton (*1946) dazu, dass der Autor der *Tales from the Vienna Woods* keineswegs 1938 in Paris von einem herabstürzenden Ast erschlagen wird, sondern in die USA entkommt und dort »Tales from Hollywood« erlebt, indem er für die amerikanische Filmindustrie arbeitet. Dabei trifft er auf so illustre Persönlichkeiten wie Thomas und Heinrich Mann, dessen Frau Nelly, Bert Brecht sowie Salka Viertel, ehe er 1950 im Swimmingpool eines Filmmoguls den Tod findet. 1992 wurde das Theaterstück mit Jeremy Irons (*1948) in der Rolle des Ödön von Horváth verfilmt.

Deutungsansätze

Es kann nicht oft genug betont werden, dass zu Horváths Lebzeiten der interessierte Leser nur drei seiner Werke im Buchhandel erwerben konnte: den Roman *Der ewige Spießer* 1930, ein Jahr später zwei Dramen, zunächst die *Italienische Nacht* und dann im Kontext des Kleist-Preises die *Geschichten aus dem Wiener Wald*. Erst die Publikation der *Gesammelten Werke* im Jahr 1970 machte eine genauere Lektüre der Werke Horváths und eine philologisch ernsthafte Auseinandersetzung mit dem Autor möglich. Deshalb überrascht es kaum, dass Interpretationen und Würdigungen Horváths zunächst fast nur in Rezensionen oder in allgemeinen Essays von Zeitgenossen (Ulrich Becher, Franz Theodor Csokor, Hans Weigel u. a.) und später oft in nicht in Buchform publizierten Dissertationen und germanistischen Hausarbeiten zu finden waren.

Insofern wird bis fast zur Mitte der Siebzigerjahre Horváths Bild in der literarischen Öffentlichkeit weitgehend von der publizistischen Kritik bestimmt. Sie begründet frühzeitig das Schema, wonach Horváths Werk letztlich in zwei Teile zerfalle, plastisch formuliert in Urs Jennys These: »Das Überzeitliche, verschwommen Metaphysische ist hingewelkt, das Zeitbezogene aktuell geblieben.« Und zur Begründung heißt es anlässlich der Publikation der *Gesammelten Werke* etwas genauer und beispielhaft für viele Stimmen: »Was Horváths Größe ausmacht, ist in dem unheimlich kurzen Zeitraum von knapp drei Jahren (1930 bis 1932) entstanden: der Roman *Der ewige Spießer* und die vier Stücke *Italienische Nacht*, *Geschichten aus dem Wiener Wald*, *Kasimir und Karoline* und *Glaube Liebe Hoffnung*, die als realistische Zeitbilder im deutschen Theater dieses Jahrhunderts durchaus einzigartig dastehen. Davor: ein sehr gerader Anlauf zu diesen Meisterwerken, vage Entwürfe voller präziser Details, Fragmente, charakteristische Vorformen; danach: eine seltsame Wandlung, weniger Entwicklung als Regression zu nennen, eine Auflösung in hektisch sprunghafter Arbeit, deren innere Orientierungslosigkeit kaum ganz aus den äußeren Zwängen der Emigrantensituation zu erklären ist« (Urs Jenny, in: Mat. III, S. 72).

U. Jenny

An dieser Zweiteilung, gepaart mit der Zuneigung zum Dramatiker und der Abneigung gegenüber dem Prosaautor (vgl. exemplarisch Karasek, in: Mat. III, S. 79 ff.), orientierte man sich vorerst, und sie blieb für manch späteres Werturteil grundlegend. Es lag deshalb für die ersten umfangreicheren Untersuchungen nahe, sich v. a. auch mit diesen Wertschätzungen und letztlich deren Begründung auseinanderzusetzen, wie etwa Axel Fritz 1973 mit seinem Versuch, *Ödön von Horváth als Kritiker seiner Zeit* zu charakterisieren. Gerne beriefen sich die ersten Analysen auf im Kontext der *Gesammelten Werke* vorliegende Selbstaussagen des Autors, insbesondere auf die beliebte Charakteristik Horváths in seiner »Gebrauchsanweisung«, er sei ein »treuer Chronist seiner Zeit«. Die detaillierte Studie von Axel Fritz prägte lange Zeit den Tenor der Gesamteinschätzung Horváths und passte zudem ins Bild der gesellschaftlich bewegten Zeiten der Siebzigerjahre. Horváth konkret als »Kritiker der Zeit« vorzustellen, bedeutete nach Fritz, in *Geschichten aus dem Wiener Wald* v. a. die Mittelstandsproblematik (S. 119 ff.) zu betonen, die Kleinbürgerideologie (S. 208 ff.) offen zu legen, autoritäre Männer (S. 178 ff.) zu beschreiben, das Thema der Arbeitslosigkeit und seine Konsequenzen (S. 136 ff.) zu untersuchen. Allgemein formuliert, war es die Aufgabe der Interpretation, »die thematische Dominanz, aber auch das Gewicht von Horváths Zeitkritik zu zeigen, wobei dieser zwar zugegebenermaßen unscharfe, aber etablierte Begriff das historisch-politische Zeitgeschehen sowie die sozialen und kulturellen Verhältnisse zu Horváths eigenen Lebzeiten umfaßt« (S. 12).

Alle folgenden Analysen lassen sich – vereinfacht gesprochen – in zwei Typen einteilen: 1. entweder als Fortführung, mitunter auch als korrektive Ergänzung dieser eher am Inhalt des Stücks orientierten Deutung oder 2. als Kritik an diesem eher thematischen Ansatz, weshalb diese Interpreten neben den Zeitbezügen v. a. die formalen Mittel Horváths und seine Kunst in den Mittelpunkt ihrer Betrachtungen stellen. Sie versuchen dabei jene Einsichten zu präzisieren, die Peter Wapnewski ebenfalls in den frühen Siebzigerjahren erstmals in seiner illustrativen Analyse der *Geschichten* festhielt, als er Horváths Inszenierungen eines Bewusstseinszustandes als »Zustand der Dummheit« (Mat. II, S. 17) detailliert nachzeichnete.

A. Fritz

Zu welchen Ergebnissen man kommen kann, wenn man Horváths Drama sozialgeschichtlich deutet und im Kontext entsprechender Materialien, etwa Wahlanalysen, Milieustudien, zeitgeschichtlicher Dokumente liest, zeigt Günther Erken (1975). Für ihn präsentiert Horváth in seinem Stück ein »Mittelstandspanorama, das in vielen Teilen der Übersicht und Bestandsaufnahme in seinem Romanentwurf [vgl. Mat. VII, S. 179–213] entspricht« (Erken, S. 145). Mit stetem Blick auf den nicht geschriebenen Roman, der als Maßstab für das vollendete Stück dient, hält er weiter fest: »War der epische Ansatz gewesen, die Entwicklungsgeschichte des Mittelstands in der Genealogie einer Familie darzustellen, so ist der dramatische jetzt ein Vater-Tochter-Konflikt, der durch die typischen Probleme eines Kleinhandelsgeschäfts nach der Stabilisierungsphase und die spezifischen Sozialisationsformen der alt-mittelständischen Kleinfamilie bedingt ist« (ebd., S. 147). Noch jede Figur, noch jeder Handlungsstrang wird mit Blick auf das zentrale Thema gelesen, und selbst die Anmerkungen zum »Wienerischen Todestanz« ändern nichts daran: »Horváth geht bei alledem über seinen realistischen Ansatz nicht hinweg, das Stück bleibt eine soziologisch genaue Studie über das beschädigte Leben und Bewußtsein des Mittelstandes. Aber indem er diese Welt in Todesbilder auflöst, macht er zum Genuß, woran er mitleidet, und setzt für die gesellschaftliche Perspektive eine biologische« (ebd., S. 157).

Es war nur eine Frage der Zeit, dass sich Kritiker dieses Ansatzes zu Wort melden würden und ihre Lektüre als Modell für die Schule präsentierten. 1983 legte Jürgen Wertheimer seine Überlegungen zu »Horváth lesen lernen« mit dem etwas irreführenden Untertitel »*Geschichten aus dem Wiener Wald* im Unterricht« (Mat. VII, S. 154 ff.) vor. Mittels einer textgenauen und ausschließlich auf dieses Stück bezogenen Lektüre erweist sich diese Interpretation als direkter Gegenentwurf zu Erkens Modell, der Horváths Stück stets im Kontext verschiedener Textmaterialien zu erschließen versucht.

Helmut Arntzens Analyse (1977) kann ebenfalls – bezogen auf *Geschichten aus dem Wiener Wald* – als eine Art indirekte Antwort auf die Lesart von Axel Fritz verstanden werden, gewissermaßen jene fundamentale Interpretation des Stückes, die sich exemplarisch dem zweiten Ansatz verschreibt. Daher will Arntzen seine Erkenntnisse auch stets als eine Korrektur von Missverständnissen verstanden wissen, etwa, das Stück zeichne sich durch seinen gesellschaftlichen Inhalt aus, es sei schlicht als »Volksstück« zu verstehen, oder man habe mit Horváths Kategorie des »Bildungsjargons« bereits den Schlüssel für diese »Komödie« in der Hand. Auf Grund einer genauen Sprachanalyse und detaillierten Untersuchung verschiedener Dialogmuster kommt er zu dem Ergebnis: »›Bildungsjargon‹ ist der mißverständliche, längst mißverstandene Terminus für ein *allgemeines* Sprechen, das allerdings in der Benutzung von gewissermaßen approbierten Vokabeln, von Ausdrücken, die ›gebildet‹ klingen, das Zentrale dieses allgemeinen Sprechens besonders sichtbar macht: nämlich das Verfügen *über Sprache*, ihre Beherrschung, statt des Reflektierens *in Sprache*. Dieses Mißverhältnis zum eigenen Sprechen verfehlt Sprache als Ausdruck, Mitteilung und Benennung in gleicher Weise« (Arntzen, S. 261 f.).

Wer diese Art von Erkenntnissen über Horváths Drama und seine Sprache weniger komprimiert und eher erschöpfender, ergänzt auch mit Material aus anderen Werken, lesen möchte, dem bietet sich Winfried Noltings Studie aus dem Jahre 1976 an (*Der* W. Nolting
totale Jargon. Die dramatischen Beispiele Ödön von Horváths), die nicht zufällig auf einer Dissertation bei Helmut Arntzen basiert. Dank eines Stellenregisters lassen sich Noltings instruktive Kommentare zu einzelnen Textpassagen seiner Stücke problemlos auffinden.

Als ebenso naheliegender wie auch folgenreicher Ansatz kann der Versuch gelten, die *Geschichten aus dem Wiener Wald* mit Hilfe des Gattungsbegriffs »Volksstück« zu deuten, denn so charakterisierte Horváth selbst sowohl dieses Stück als auch seine wichtigsten anderen. Mit Hajo Kurzenbergers Studie aus dem H. Kurzen-
Jahr 1974, historisch zwischen den Studien von Fritz und Nol- berger
ting angesiedelt, liegt eine grundlegende und umfassende Darstellung zu diesem Thema vor, der es gelingt, präzise nachzuzeichnen, welche Bedeutung diese literarische Form für das Œuvre von Horváth hatte.

Rückblickend lässt sich festhalten, dass die meisten Analysen der Siebzigerjahre versuchen, noch stets den jeweils gewählten

methodischen Ansatz und dessen Überlegenheit zu begründen.
Dazu passt auch, dass die Methode eines *Close Reading of Six Plays* (1977) von Krishna Winston keineswegs darüber hinwegzutäuschen vermag, dass es sich dabei um nicht anderes als die vornehme Umschreibung einer simplen Nacherzählung des Textes und seiner formalen Struktur handelt.

Dagegen dominieren in den Achtzigerjahren v. a. die themenorientierten, letztlich auf den Text zentrierten Studien. Insofern ist es nur konsequent, wenn Johanna Bossinade ihre Untersuchung zu Ambivalenzen Horváths im »thematischen Bereich von Liebe, Tod und Geschlecht« (S. 44) mit einem literaturtheoretischen Rückblick beginnt: »Die Geschichte der Horváth-Rezeption ist nicht zuletzt die Geschichte ihrer theoretischen Prämissen. Entsprach die erste Phase der formativen Periode der Kritischen Theorie, so stand die zweite im Zeichen der neomarxistisch-freudianischen Bewußtseinskritik, die ihrerseits das Weimarer Paradigma und seine exilgeschichtlichen Ableger weiterführte. Die Rezeptionsschübe verbanden sich stets mit den Theorien, die der wissenschaftlichen Diskussion der Zeit ihr Gepräge gaben. Heute kommen dafür diskurs- und zeichenanalytische Arbeiten in Betracht, die unter dem Schlagwort Poststrukturalismus begriffen werden« (S. 44). Vor diesem Hintergrund kann die Interpretin ihren Ansatz umso deutlicher machen, gilt es doch dem Motiv »Eros Thanatos in Horváths Volksstück« folgend, auf den Spuren Michail M. Bachtins (1895–1975) dem Lebens- und Todestrieb in seinem Werk nachzuspüren. Ihre eigenen Ambivalenzen sind allerdings nicht zu überlesen. So pendelt die feministisch inspirierte Literaturwissenschaftlerin zwischen der simplen These, dass »die Ambivalenz einen Gradmesser für die Qualität seiner Stücke, vielleicht des Horváthschen Werks überhaupt« abgebe (»Schwindet die Ambivalenz, schwindet auch der Reichtum des Werks, oder positiv formuliert, je mehr Gelegenheit es bietet, Doppelverhältnisse zu aktivieren, desto ›besser‹«; S. 49), und einer theoretisch überhöhten, eher komplexen These gegen Schluss ihrer Analyse: »In dem Maße, wie Horváths Stücke dem Strukturgesetz dieses Wunsches [nach subjektiver Präsenz] erliegen, ist die Flucht vor der Ambivalenz, die sie darstellen, ihrer eignen Darstellungsstruktur eingeschrieben. Der Tod, der die Frau zunächst als Handlungsfigur trifft, greift auf das gesamte ästhetische Arrangement hinüber und verdichtet sich zum Filigran einer alles umfassenden literarischen Tötungsstruktur. Ambivalenz gerinnt, weil die Handlungsszenarien durch die Textur des Werks dupliziert, oder anders, weil der zweite Term des aus Sinnentwurf und Sinnverweigerung zusammengesetzten ästhetischen Doppels zurückgedrängt wird. Ihrer Alterität beraubt, verschmelzen die Zeichen ›Frau‹ und ›Tod‹ zum Siegel auf dem Einheitsentwurf des Textes, der hiermit, wie in einer Geste der Selbstabtötung, den Prozeß seiner *semiosis* stillzulegen sucht. In dem Moment, da er diesen Entwurf nachschreibt, sich sozusagen auf das Redeniveau seiner Figuren stellt, wird der dramatische Chronist zum Kopisten. Parallel dazu gewinnt die Spirale der Paradoxien eine neue ironische Wende, denn die kopierende Sprache der Tradition begehrt nicht den Tod, sondern wehrt diesen gerade ab. Das sprachliche Stereotyp ist, nach der Definition von Roland Barthes, ›die elende Unmöglichkeit, zu sterben‹. ›Thanatos-Struktur‹ heißt dann zuletzt, daß nicht der Tod als Ende des sterblichen Lebens, sondern daß ein ewiges Leben jenseits des Todes gesucht wird« (S. 68 f.).

Mit Beginn der Achtzigerjahre erscheinen gleich mehrere Materialienbände zu Ödön von Horváth und seinen Werken, die stets entsprechende Kurzfassungen längerer Studien bieten. Dem zentralen Stellenwert innerhalb von Horváths Arbeiten entsprechend sind aus diesem Jahrzehnt besonders zwei Analysen hervorzuheben: Martin Hells aufschlussreiche Schilderung des Motivs *Kitsch als Element der Dramaturgie Ödön von Horváths* (1983) und Piero Oellers' penible Ausführungen über *Das Welt- und Menschenbild im Werk Ödön von Horváths* (1987). Sicherlich stehen beide in der Tradition eines eher positivistischen Ansatzes, der zunächst mit Vorliebe Figuren und Themen kategorisiert und sich danach v. a. um die Beschreibung spezifischer Inhalte kümmert. Daher bleiben Fragen nach deren besonderen Gestaltung im Drama oder im Roman eher sekundär. Gleichwohl geben beide Untersuchungen detailliert Aufschluss darüber, wie sich Horváth immer wieder mit diesen Motiven beschäftigte und sich dabei des öfteren der gleichen Bilder be-

M. Hell

P. Oellers

diente. Insofern können diese Studien auch als Grundlage der Arbeiten gelten, die sich in den Neunzigern wieder vermehrt den spezifischen Formen widmen, in denen Horváth seine Vorstellungen auf die Bühne brachte. Neben den Ergebnissen Jeong-Yong Kims, der *Das Groteske in den Stücken Ödön von Horváths* (1995) nachzeichnet, vermag v. a. Ingrid Haags Ansatz Neues zu bieten. Für sie lassen sich einige Horváth-Dramen als Exemplare einer *Fassaden-Dramaturgie* (1995) charakterisieren, wonach deren Besonderheit in einer spezifischen theatralischen Form liegt, mit der der Autor ein Spiel von Zeigen und Verbergen inszeniert und damit letztlich das »Unsichtbarmachen von Gewaltausübung und Verbrechen« zu seinem Thema macht: »Das auf der Bühne Sichtbare und Hörbare ist auf seine Fassadenhaftigkeit hin zu hinterfragen, als Vor-gestelltes. Hiermit bietet sich eine Analogie zu Freuds Traummodell an. Die Bilder des Traumes zeigen, indem sie verstellen. Die Formen dieser Verstellung sind Gegenstand der Interpretation, die den latenten Text zu ent-decken versucht, und für die uns Freuds *Traumdeutung* mit den Mechanismen der Verschiebung und Verdichtung brauchbare Deutungsverfahren geliefert hat. [...] Unser Vorhaben besteht darin, herauszulesen, was der Text verschweigt hinter dem, was er sagt: warum er es durch *diese* Rede sagt und nicht durch eine andere. Textarbeit wird *analog* verstanden zu Traumarbeit, das heißt, wir sehen im Text dieselben Mechanismen am Werk, die im Traum die latenten Inhalte zum manifesten Bericht verwandeln« (S. 6 f.).

Was auf den Spielplänen längst offensichtlich war – dass nämlich nicht nur Horváths vier »Klassiker« auf der Bühne gezeigt werden sollten, sondern auch die frühen und späten Stücke –, führte in der Horváth-Forschung dazu, die anfängliche Zweiteilung des Werkes nochmals genauer zu überprüfen, weshalb Christian Schnitzler 1990 erneut die Frage stellte, wie es um den »politischen Horváth« bestellt sei. Kann man die Erörterung dieser Thematik als Ende einer Kreisbewegung sehen, die mit dem Horváth-Kolloquium 1971 begann, als Urs Jenny die doppelte Parole ausgab: »Horváth realistisch, Horváth metaphysisch«, so besteht mittlerweile Einigkeit darüber, dass dieser Autor beides war. Es überrascht daher kaum, dass sich die Gesamtdar-

I. Haag

Ch. Schnitzler

stellungen der *Geschichten aus dem Wiener Wald* in den Neun-
zigerjahren, sowohl Theo Buck im Aufsatz als auch Friedrich
Hobek im Buch, nicht nur einem Ansatz verschreiben. Beide
Autoren sind stets darum bemüht, Inhalte und Formen, das Was
und das Wie, die verschiedenen sprachlichen Mittel ebenso wie
die Bedeutung der Gattung, in gleicher Weise zu würdigen.

Abschließend sei noch auf Kurt Bartschs Darstellung aus dem
Jahr 2000 hingewiesen, die dem interessierten Horváth-Leser
eine kenntnisreiche Schilderung von Leben und Werk bietet, das
der Interpret in »drei Phasen gliedert, ohne dass die Grenzen
allzu scharf zu ziehen sind: – das Frühwerk bis etwa 1925, – das
literarische Schaffen zwischen 1926 und 1933 mit den berühmten Volksstücken und dem Roman *Der ewige Spießer* im Zen-
trum, – schließlich das Werk nach 1933, zu dem unter anderem
Dramen wie *Die Unbekannte aus der Seine, Figaro läßt sich
scheiden* oder *Der jüngste Tag* und die beiden Romane *Jugend
ohne Gott* und *Ein Kind unserer Zeit* zählen« (S. 16). Neben
einer detaillierten Beschreibung all seiner Arbeiten findet man
auch eine zusammenfassende und äußerst kundige Erörterung
zentraler Begriffe für Horváths literarisches Werk 1926–1933:
»Kleinbürgertum«, »Demaskierung des Bewußtseins«, »Bildungsjargon«, »Erneuerer des Volksstücks« (S. 33 ff.).

K. Bartsch

Literaturhinweise

Die Verweise auf Horváths Texte beziehen sich auf die Ausgabe: Ödön von Horváth, *Gesammelte Werke*. Kommentierte Werkausgabe von Traugott Krischke unter Mitarbeit von Susanna Foral-Krischke. Frankfurt/M. 1983 ff. (genannt werden Band und Seitenzahlen).

A. *Textausgaben* »*Geschichten aus dem Wiener Wald*«

Ödön von Horváth, *Geschichten aus dem Wiener Wald*. Berlin 1931

Ödön von Horváth, *Geschichten aus dem Wiener Wald*, in: *Gesammelte Werke* [in vier Bänden]. Hg. v. Dieter Hildebrandt, Walter Huder und Traugott Krischke. Frankfurt/M. 1970 f., Bd. 1, S. 157 ff. [= GW 1970]

Ödön von Horváth, *Geschichten aus dem Wienerwald. Volksstück in drei Teilen mit einer Nacherzählung von Peter Handke*. Frankfurt/M. 1970; erweiterte Neuausgabe Frankfurt/M. 1977

Geschichten aus dem Wiener Wald, in: Ödön von Horváth, *Gesammelte Werke* [in acht Bänden]. Werkausgabe der edition suhrkamp. Hg. v. Traugott Krischke und Dieter Hildebrandt. Frankfurt/M. 1972, Bd. 1, S. 157 ff.

Ödön von Horváth »*Geschichten aus dem Wiener Wald*«. Ein Film von Maximilian Schell. Frankfurt/M. 1979

Geschichten aus dem Wiener Wald, in: Ödön von Horváth, *Gesammelte Werke* [in vier Bänden]. Hg. v. Traugott Krischke unter Mitarbeit von Susanna Foral-Krischke. Frankfurt/M. 1988, Bd. 2, S. 6 ff. [= GW 1988]

Geschichten aus dem Wiener Wald, in: Ödön von Horváth, *Gesammelte Werke* [in vierzehn Bänden]. Kommentierte Werkausgabe in Einzelbänden. Hg. v. Traugott Krischke unter Mitarbeit von Susanna Foral-Krischke. Frankfurt/M. 1986, Bd. 4, S. 101 ff.

B. Materialien zu Ödön von Horváth und »Geschichten aus dem Wiener Wald«

Materialien zu Ödön von Horváth. Hg. v. Traugott Krischke. Frankfurt/M. 1970 [= Mat. I]

Materialien zu Ödön von Horváths »Geschichten aus dem Wiener Wald«. Hg. v. Traugott Krischke. Frankfurt/M. 1972 [= Mat. II]

Über Ödön von Horváth. Hg. v. Dieter Hildebrandt u. Traugott Krischke. Frankfurt/M. 1972 [= Mat. III]

Ödön von Horváth. Leben und Werk in Dokumenten und Bildern. Hg. v. Traugott Krischke und Hans F. Prokop. Frankfurt/M. 1972 [= Mat. IV]

Ödön von Horváth. Leben und Werk in Daten und Bildern. Hg. v. Traugott Krischke und Hans F. Prokop. Frankfurt/M. 1977 [= Mat. V]

Ödön von Horváth. Hg. v. Traugott Krischke. Frankfurt/M. 1981 [= Mat. VI]

Horváths »Geschichten aus dem Wiener Wald«. Hg. v. Traugott Krischke. Frankfurt/M. 1983 [Mat. VII]

Horváths Stücke. Hg. v. Traugott Krischke. Frankfurt/M. 1988 [Mat. VIII]

Horváth Chronik. Daten zu Leben und Werk. V. Traugott Krischke. Frankfurt/M. 1988 [Mat. IX]

Horváth auf der Bühne 1926–1938. Dokumentation von Traugott Krischke. Wien 1991 [Mat. X]

Schmidjell, Christine, *Erläuterungen und Dokumente. Ödön von Horváth »Geschichten aus dem Wiener Wald«.* Stuttgart 2000

C. Interpretationen zu Horváths »Geschichten aus dem Wiener Wald«

Arntzen, Helmut, »Horváth – *Geschichten aus dem Wiener Wald«*, in: *Die deutsche Komödie. Vom Mittelalter bis zur Gegenwart.* Hg. v. Walter Hinck, Düsseldorf 1977, S. 246–268 und S. 395–399

Bossinade, Johanna, »Eros Thanatos in Horváths Volksstück«, in: *Sprachkunst* 19 (1988) S. 43–70

Buck, Theo, »Ödön von Horváth: *Geschichten aus dem Wiener Wald*«, in: *Dramen des 20. Jahrhunderts*, Bd. 1, Stuttgart 1996, S. 373–398

Erken, Günther, »Ödön von Horváth: *Geschichten aus dem Wiener Wald*«, in: Jan Berg u. a., *Von Lessing bis Kroetz. Einführung in die Dramenanalyse*. Kronberg/Ts. 1975, S. 138–179 und S. 241–243

Haag, Ingrid, *Ödön von Horváth. Fassaden-Dramaturgie. Beschreibung einer theatralischen Form*. Frankfurt/M. u. a. 1995, S. 15–69

Hobek, Friedrich, *Ödön von Horváth. »Geschichten aus dem Wienerwald«*, Frankfurt/M. 1996

Wapnewski, Peter, »Ödön von Horváth und seine *Geschichten aus dem Wiener Wald*«, in: Das *deutsche Drama vom Expressionismus bis zur Gegenwart*. Hg. v. Manfred Brauneck, Bamberg ³1977, S. 118–138, zuerst in: Mat. II, S. 10–43

Winston, Krishna, *Horváth Studies. Close Readings of Six Plays (1926–1931)*. Bern u. a. 1977, S. 149–180

D. Allgemeine Literatur zu Ödön von Horváth

Bartsch, Kurt u. a. (Hg.), *Horváth-Diskussion*, Kronberg/Ts. 1976

Bartsch, Kurt, *Ödön von Horváth*. Stuttgart/Weimar 2000

Fritz, Axel, *Ödön von Horváth als Kritiker seiner Zeit*. München 1973

Hell, Martin, *Kitsch als Element der Dramaturgie Ödön von Horváths*. Bern u. a. 1983

Hildebrandt, Dieter, *Ödön von Horváth in Selbstzeugnissen und Bilddokumenten*, Reinbek b. Hamburg 1975

Kim, Jeong-Yong, *Das Groteske in den Stücken Ödön von Horváths*. Frankfurt/M. u. a. 1995

Krischke, Traugott, *Ödön von Horváth. Kind seiner Zeit*. München 1980

Kurzenberger, Hajo, *Horváths Volksstücke. Beschreibung eines poetischen Verfahrens*. München 1974

Nolting, Winfried, *Der totale Jargon. Die dramatischen Beispiele Ödön von Horváths*. München 1976

Oellers, Piero, *Das Welt- und Menschenbild im Werk Ödön von Horváths*. Bern u. a. 1987

Schnitzler, Christian, *Der politische Horváth. Untersuchungen zu Leben und Werk*. Frankfurt/M. u. a. 1990

Wort- und Sacherläuterungen

7.2 **Volksstück**: Die meisten seiner Stücke charakterisierte Horváth
als Volksstücke im Untertitel, so auch *Die Bergbahn, Italienische Nacht, Kasimir und Karoline*. Die Wahl der Gattung, deren
Ursprünge im Wien des 18. Jh.s liegen, waren für Horváth sehr
wichtig, weshalb er in einem Radiointerview im Jahre 1932 aus-
drücklich betonte: »Ich gebrauchte diese Bezeichnung ›Volksstück‹ nicht willkürlich, d. h. nicht einfach deshalb, weil meine
Stücke mehr oder minder bayerisch oder österreichisch betonte
Dialektstücke sind, sondern weil mir so etwas ähnliches, wie die
Fortsetzung des alten Volksstückes vorschwebte. [...] Also: zu
einem heutigen Volksstück gehören heutige Menschen, und mit
dieser Feststellung gelangt man zu einem interessanten Resultat:
nämlich, will man als Autor wahrhaft gestalten, so muß man der
völligen Zersetzung der Dialekte durch den Bildungsjargon
Rechnung tragen« (Bd. 11, S. 200 f.). Vgl. zur Gattungsgeschich-
te neben Horváths »Gebrauchsanweisung« auch die knappe
Darstellung »Ödön von Horváth und die Volksstücktradition«
von Hellmuth Himmel (Mat. VI, S. 46 ff.) sowie Alfred Dopp-
lers »Bemerkungen zur dramatischen Form der Volksstücke
Horváths« (Bartsch (Hg.), 1976, S. 11 ff.) und Hajo Kurzenbergers umfangreiche Studie.

7.4 **Dummheit**: Dieses Motiv durchzieht Horváths Werke gleichsam als roter Faden, weshalb er in seiner »Randbemerkung« zu
Glaube Liebe Hoffnung betonte: »Wie in allen meinen Stücken
versuchte ich auch diesmal, möglichst rücksichtslos gegen
Dummheit und Lüge zu sein, denn diese Rücksichtslosigkeit
dürfte wohl die vornehmste Aufgabe eines schöngeistigen
Schriftstellers darstellen, der es sich manchmal einbildet, nur
deshalb zu schreiben, damit die Leut sich selbst erkennen« (Bd.
6, S. 12 f.). Vgl. auch Emrich, in: Mat. I, S. 142, oder Wapnewski, in: Mat. II, S. 21 f., der die »Dummheit des Argen« von der
»Dummheit der Arglosen« unterscheidet, sowie Hobeks Ausführungen über die »verschiedenen Arten der ›Dummheit‹«
(S. 73 ff.).

8.7 **Wiener Wald**: Horváth verfremdet mit seiner Getrenntschreibung den Wienerwald, ein idyllisches, waldiges Hügelland westlich und südwestlich von der Bundeshauptstadt Wien, das den Wienern als beliebtes Ausflugsgebiet dient.

Wachau: Landschaftlich reizvolle Donautalstrecke zwischen Melk und Krems in Niederösterreich. 8.7

Draußen in der Wachau: Refrain aus dem »Lied von der Wachau«, dessen Text von Erwin Weill und dessen Musik von Ernst Arnold (1892–1962) stammt und das Marianne später singt (S. 57,15). 9.3

Vor einem Häuschen: Es gilt mittlerweile als Gemeinplatz, dass Horváths Regieanweisungen keineswegs eins zu eins auf die Bühne gebracht werden können, denn wie sollte etwa ein Zuschauer einen Konjunktiv – »als verklänge« – erkennen können? Von daher sind diese Anmerkungen bei der Lektüre »gewissermaßen als (ironischer) Autorkommentar« mitzudenken, und es ist Aufgabe der Regie, »auf einer anderen als der sprachlichen Ebene der theatralischen Informationsvergabe diesen epischen Kommentar zu vermitteln« (Bartsch, S. 81 f.). 9.4

Burgruine: Es dürfte für das Verständnis des »Volksstückes« von geringer Bedeutung sein, welche Ruine Horváth hier zum Schauplatz des Geschehens macht, ob die Burgruine Greifenstein mit Blick auf die Donauauen im Tullner Becken oder die Ruine Dürnstein in der Wachau. Vgl. allerdings zur Symbolik dieses Verfallmotivs sowie vieler anderer Todesmotive in diesem Stück Herbert Gamper, »Die Zeichen des Todes und des Lebens. Zu bisher kaum beachteten Konstruktionselementen in Horváths vier ›Fräuleinstücken‹«, in: *Theater heute* 15 (1974), H. 3, S. 1–6. 9.4

Klingen und Singen: Nach dem Liedtext von Julius Brammer und Alfred Grünwald (1886–1939) aus der Operette *Gräfin Mariza* (1924) von Emmerich Kálmán: »Grüß mir mein singendes, klingendes Märchen, mein Wien, mein Wien, mein Wien.« Vgl. S. 106,30–31. Horváth lässt Anfang (I,1) und Schluss (III,4) sich ebenso spiegeln wie die »Stille Straße« der zweiten (I, 2) und der vorletzten Szene (III,3) sowie diese erste Wachau-Szene (I,1) mit jener im zweiten Teil (II,5). Daneben sollte das Spiel mit der Zahlensymmetrie nicht vergessen werden: Den vier Szenen des I. und III. Teils stehen sieben im II. Teil gegenüber, 9.8

sodass sich gerade und ungerade Zahlen konsequent abwechseln.

9.9–10 **Walzer »Geschichten aus dem Wiener Wald«**: Op. 325 (1868) von Johann Strauß (Sohn, 1825–1899). Horváths schriftdt. Schreibung, sowohl hier als auch im Titel, sollte jene Erwartung negieren, die sich im Stück die Inszenierung des Strauß-Walzers »G'schichten aus dem Wienerwald« erhoffte. Es gehört mit zur Rezeptionsgeschichte von Horváths Stück, dass 1993 die *Geschichten aus dem Wiener Wald* als Literaturoper von Miro Belamarić (*1935) ihre Premiere am Karlsruher Staatstheater hatte.

9.10 **Johann Strauß**: Strauß-Walzer durchziehen als Leitmotiv das ganze Stück, denn nicht nur die Realschülerin im zweiten Stock (S. 16,7–9; 44,5–7; 92,10–11) spielt sie des öfteren, sondern auch die Großmutter intoniert ihn auf ihrer Zither (S. 106,16–18). Vgl. hierzu auch Wilhelm Martin Baumgartner, der detailliert nachzeichnet, wie die »Rondoform des Stückes – am Ende ergeben sich wieder die alten Konstellationen – durch die Walzermusik in zweifacher Hinsicht akzentuiert ist: Es wird mit der Melodie *G'schichten aus dem Wienerwald* eingeleitet und klingt mit ihr aus; die Tanzform des Walzers schreibt die Kreisbewegung als die kompositionelle Struktur dieses Volksstücks vor« (Mat. VIII, S. 163).

9.11 **schöne blaue Donau**: Kehrreim aus Karl Becks (1817–1879) Gedicht »An der Donau«, das durch den Walzer von Johann Strauß (Sohn) »An der schönen blauen Donau« mit dem Text von Josef Weyl (1821–1895) bekannt wurde.

9.17 **Stille**: Eine der wichtigsten Regieanweisungen Horváths, die er in seiner »Gebrauchsanweisung«, d. h. den »praktischen Anweisungen« für die Regie besonders hervorhebt: »Bitte achten Sie genau auf die Pausen im Dialog, die ich mit ›Stille‹ bezeichne – hier kämpft sich [sic!] das Bewußtsein oder Unterbewußtsein miteinander, und das muß sichtbar werden« (Bd. 11, S. 257). Vgl. hierzu auch die Anmerkungen Hobeks, S. 55–58, sowie Arntzen, S. 267 f.

9.24 **Krise und Wirbel**: Anspielung Horváths auf die innenpolitischen Auseinandersetzungen in Österreich: Neben zahlreichen Rücktritten der Regierungen in den Jahren 1929–1932 war auch die Ökonomie des Landes äußerst krisenanfällig, was fast zum Zusammenbruch der größten österreichischen Bank, der Creditanstalt, führte.

Hierlinger Ferdinand: Vgl. Horváths Geschichte »Die gerettete 9.25–26
Familie« (Bd. 11, S. 149–152), die unter dem Titel »Ein Kapitel aus den Memoiren des Herrn Hierlinger Ferdinand« erstmals in Heft 3 der *Blätter des deutschen Theaters* (Berlin 1931/32), dem Programmheft der Uraufführung der *Geschichten aus dem Wiener Wald*, zu lesen war (vgl. Mat. V, S. 119 ff.).

Herrn von Hierlinger: Das »von« in diesem Namen bedeutet 9.29
keineswegs einen Adelstitel, sondern ist in der österreichischen Umgangssprache eine devote Anrede mit spöttisch-ironischem Unterton.

Ich taug nicht zum Beamten: Mit Blick auf Horváths Gesamt- 10.16
werk ist für die Rezipienten heute – und da Horváths Roman *Der ewige Spießer* seit Oktober 1930 in Buchform vorlag auch für Horváths Zeitgenossen – die Figur Alfred problemlos als »der neue Typ des Spießers« (Bd. 12, S. 129) zu erkennen, um dessen Charakteristik sich der Roman bemüht.

Höll auf Erden: Anspielung auf die zu den Apokryphen zählen- 10.35–36
de »Weisheit Salomos« im *Alten Testament*, in der es heißt: »... und was in der Welt geschaffen wird, das ist gut, und nichts ist Schädliches darin. Dazu ist der Hölle Reich nicht auf Erden« (1,14).

Die Großmutter: Vgl. zu dieser Figur auch Horváths Text 11.20
»Großmütterleins Tod« (Bd. 11, S. 103 ff.), der sich stellenweise als prosaischer Kommentar zur Poesie des Stückes liest.

Tät dir so passen!: In der österr. und süddt. Umgangssprache 11.30
wird der Konjunktiv im irrealen Wunschsatz oft mit dem Hilfsverb »tun« statt mit dem Hilfsverb »werden« gebildet; vgl. S. 16,24; 61,5.

Bäääh!: Vgl. zu Horváths »zoologischem Vokabular«, d. h. 11.31
Vergleichen, Redensarten, Schimpfwörtern, Beschimpfungen etc. aus der Tierwelt, Hobek, S. 47 ff., sowie Fritz Hackert, »Geschichten vom Gefressenwerden«, in: *Zur Ästhetik der Moderne*, Tübingen 1972, S. 171–182.

Schilling: 1924 wurde durch eine Währungsreform der bishe- 13.25
rige Gulden durch den Schilling ersetzt, sodass 100 Kreuzer = 1 Gulden jetzt 100 Groschen = 1 Schilling waren.

14.4 **eine rein menschliche Beziehung**: Vgl. Arthur Schnitzlers (1862–1931) scharfsinnige Anmerkungen zu diesem Thema, die im Programmheft zur Uraufführung des Stückes am 2.11.1931 abgedruckt wurden (vgl. Mat. V, S. 138 f.).

14.17–18 **Ministerialdirigenten**: Leiter einer Abteilung innerhalb des Ministeriums, dessen Besoldung und Ansehen auf Grund des »Dienstgrades« weit höher als der eines »Kanzleiobersekretärs« liegt.

15.7 *Trauermarsch von Chopin*: 1. Satz der Klaviersonate h-Moll, op. 58, von Frédéric Chopin (1810–1849).

15.26 **Stille Straße im achten Bezirk**: Der 8. Wiener Gemeindebezirk, auch »Josefstadt« genannt, gilt als Wohngegend des alteingesessenen Wiener Bürgertums; vgl. zum möglichen »Originalschauplatz« Bd. 4, S. 215. Dass das Bühnenbild bei Horváth nicht nur ein »Hintergrund« ist, vor dem »seine Figuren und mit ihnen seine Ideen vorgeführt werden und der dem ganzen Bild eine gewisse ›Atmosphäre‹ verleiht, sondern ein Katalysator«, zeigt Elizabeth Gough in ihrer Studie »Zur Dramaturgie des Schauplatzes in Ödön von Horváths Stücken« (Mat. III, S. 107 ff.). Für sie steht eindeutig fest: »Wir sehen die Figuren nicht *vor* einem Hintergrund, sondern *in* einer Umwelt« (ebd., S. 108).

16.21 **Blutwurst**: Überraschenderweise benutzt Horváth hier den hochdt. und nicht den österr. Ausdruck »Blunze«.

16.26 *unheimlich*: Für Horváth war das Unheimliche ein wichtiger Bestandteil seiner Stücke, weshalb er es in seiner »Gebrauchsanweisung« hervorhob: »Alle meine Stücke sind Tragödien – sie werden nur komisch, weil sie unheimlich sind. Das Unheimliche muß da sein« (Bd. 11, S. 220). Vgl. auch Hobek, S. 42 ff.

16.30 *Zusammenbruch*: Im Herbst 1918 zerfiel die Österreich-Ungarische Monarchie: Am 28.10. wurde in Prag die Unabhängigkeit des tschechoslowakischen Staates ausgerufen, am selben Tag erklärte auch Ungarn seine Unabhängigkeit, am 29.10. vereinigten sich die südslawischen Gebiete der Monarchie mit Serbien zum neuen Königreich Jugoslawien, und am 12.11. wurde in Wien die Republik Deutsch-Österreich proklamiert.

17.8 **Gourmand**: Havlitschek verwechselt hier in seiner Schmeichelrede (bewusst?) die beiden franz. Ausdrücke »Gourmet« (»Feinschmecker«) und Gourmand (»Schlemmer, Vielfraß«).

Wir müssen alle mal fort.: Euphemistisch für »sterben«. Das 17.17
Motiv des Sterbens und das oft klischeehafte Verhalten gegenüber dem Tod ist für fast alle Figuren des Stückes entscheidend;
vgl. Hobek, S. 30 f., sowie Herbert Gampers instruktive Ausführungen »›Sinds nicht tierisch?‹ Einige der vorbereitenden
Überlegungen zum Stück«, in: *Ödön von Horváth. Geschichten
aus dem Wiener Wald*. Programmbuch Nr. 7. Württembergische
Staatstheater Stuttgart, Stuttgart 1975, S. 8–70.

Glück in der Liebe: Vgl. das dt. Sprichwort: »Glück in der Lie- 18.22
be, Unglück im Spiel«.

Wenn der Krieg [...] länger gedauert hätt: Anspielung auf die 18.28
so genannte »Dolchstoßlegende«, nach der das Ende des Ersten
Weltkriegs nicht durch eine militärische Niederlage des dt. Hee-
res im Felde bedingt sei, sondern durch die absichtsvolle, kom-
plottartige Sabotage in der Heimat. Vgl. auch die Eingangsszene
in Horváths *Sladek oder Die schwarze Armee* (Bd. 1, S. 11 ff.).

Schnurrbartbinde: Ein von den Ohren gehaltenes Netz über 19.18
den Schnurrbart, um diesen in Form zu halten.

Fräulein Marianne: Ob sich Horváth für sein Stück durch den 19.27–28
Trivialroman der Zwanzigerjahre, insbesondere durch Felix
Dörmanns (1870–1928) Roman *Jazz* (1925) und dessen Heldin
Marianne, inspirieren ließ, mag bezweifelt werden; gleichwohl
dürfte er auf Figurenkonstellationen, Handlungsmuster dieses
Genres zurückgegriffen haben, denn dort fand er jene »Bewußt-
seinsformen«, die er in seinen Dramen »demaskieren« wollte
(vgl. Schmidt-Dengler, Mat. VI, S. 57 ff.).

Arbeit schändet nicht: Nach Hesiods (8./7. Jh. v. Chr.) Lehr- 19.29
gedicht *Werke und Tage*: »Arbeit bringt keine Schande, Nichts-
tun aber ist Schande«.

Flor: Kurzform für Trauerflor, ein schwarzes, meist seidiges 22.8
Band, das seit dem 16. Jh. als Zeichen der Trauer am Ärmel, in
einem Knopfloch oder um den Hut getragen wird.

Was ist Liebe?: In dieser scheinbar naiven Frage und der fehlen- 22.34
den Antwort darauf stellt Horváth zugleich ein zentrales Thema
des Dramas in den Raum, das der Zuschauer erst am Ende des
»Volksstücks in drei Teilen« zu beantworten vermag.

die Hirnschale herunter: Vgl. zu Horváths eigenwilliger Verbin- 23.6
dung von destruktiven und sentimentalen Eigenschaften, der

Verschränkung von Selbstmitleid und Sadismus sowie der Beziehung zwischen Brutalität und Larmoyanz Hobek, S. 77 ff.

23.25 **Komm, wir haben keine Zeit, Papa**: Inwiefern sich in solchen Sätzen Oskar als der »Prototyp des Kleinbürgers« erweist, zeigen Hermann Glasers Ausführungen »Zur deutschen ›Spießer-Ideologie‹« (Mat. VII, S. 70 ff.).

23.26 **Benehmität**: Scherzhafte Wortbildung, die das einfache Nomen »Benehmen« durch die Endung »-tät« vieler Fremdwörter zum vornehmen Benehmen machen möchte.

23.34 **Daumen runter!**: Zeichen des Imperators bei Gladiatorenkämpfen in Rom, den Verlierer hinzurichten.

23.34–35 **Ave Caesar, morituri te salutant!**: Horváth zitiert hier Suetons (ca. 70–140 n. Chr.) *De vita Caesarum* (dt. *Über das Leben der Cäsaren*), nach dem die Gladiatoren Kaiser Claudius die Worte zuriefen: »Ave Imperator [meist auch Cäsar], morituri te salutant!« – Sei gegrüßt Kaiser [Cäsar]! Die dem Tode Geweihten grüßen dich!« Horváth schien dieses Zitat sehr zu gefallen, weshalb er es auch in seinem Roman *Jugend ohne Gott* (Bd. 13, S. 122) verwendete.

24.3 **Auslage**: Wenn Horváth Marianne hier im Schaufenster arbeiten lässt und Alfred sie darin zum ersten Mal sieht, wird ein Bild in Szene gesetzt, das sich im ganzen Stück findet: »Marianne als Ware«, vgl. Hobek, S. 66 f.

25.2–3 **Tücke des Objekts**: Ein Ausdruck, den Friedrich Theodor Vischer (1807–1887) erstmals in seinem autobiografischen Roman *Auch einer. Eine Reisebekanntschaft* (1879) verwendete und der seither die ärgerliche und unerwartete Schwierigkeit beim Gebrauch eines Gegenstandes meint.

25.26 **Am nächsten Sonntag**: Vgl. zur Irritation dieser Zeitangabe innerhalb der Dramaturgie des Stückes Wapnewski (Mat. II, S. 25 f.).

25.29–30 *Kassel in Preußen*: Kassel war zur Handlungszeit des Stückes (1930/31) Hauptstadt der preußischen Provinz Hessen-Nassau.

27.31 **Ich hatte erst [. . .] unterhalten**: Horváth charakterisiert Erich durch die Verwendung des Imperfekts sowie des Plusquamperfekts als Nicht-Österreicher.

27.32 **Burgtheater**: Berühmtestes Theater in Wien, das Kaiser Joseph II. (1741–1790) 1776 zum »Hof- und Staatstheater« erklärte. In den Jahren 1930/31, der Handlungszeit des Stückes, war der Schriftsteller Anton Wildgans (1881–1932) dort Intendant.

Siegeszug des Tonfilms: Als »Sieg auf der ganzen Linie« be- 27.33
schrieb die Zeitschrift *Der Film* die erste Berliner Vorführung des amerik. Tonfilms *The Singing Fool* (dt. *Der singende Narr*) am 10.6.1929. Mit der Verbindung Burgtheater und Tonfilm spielt Horváth darauf an, dass der Einakter *In Ewigkeit Amen* von Anton Wildgans, dem damaligen Intendanten, Grundlage eines der ersten österr. Tonfilme bildete. Vgl. auch Horváths Stück *Don Juan kommt aus dem Krieg* (Bd. 9, S. 40 f.).

Kunst: Die »Unterhaltungskultur«, darunter zählten Operetten 28.7
genauso wie Revuen, wurde von der damaligen Kulturöffentlichkeit weniger als Kunst denn als Unterhaltung wahrgenommen.

Brüder Karamasow: Roman (1879/80) von Fedor M. Dosto- 28.9
jewskij (1821–1881). Da Horváth ein eifriger Kinogänger war, spielt er hier wohl auf die aktuelle Verfilmung aus dem Jahre 1930 an, die am 6.2.1931 unter dem Titel *Der Mörder Dimitri Karamasoff* in Berlin und am 16.2. in Wien ihre Uraufführung hatte. Bereits 1914 war dieser Roman in Russland, 1920 in Deutschland, 1921 in Frankreich verfilmt worden. Die aktuelle Produktion, bei der Fedor Ozep (1895–1949) Regie führte, zeichnete sich ebenso durch ein Staraufgebot an Schauspielern aus (Fritz Kortner, Bernhard Minetti u. a.) wie der Film *Die Brüder Karamasoff* von Carl Froelich (1875–1953) aus dem Jahre 1920, in dem Emil Jannings (1884–1950), Fritz Kortner (1892–1970) u. a. mitwirkten.

rhythmische Gymnastik: Die holl.-amerik. Gymnastikrefor- 28.12–13
merin Bess M. Mensendieck (1864–1958) hatte Anfang des 20. Jh.s eine Erziehungslehre begründet, bei der die körperliche Ertüchtigung zum einen den weiblichen Eigenarten entsprechen und sich zum anderen vom Einfluss des Männerturnens lösen sollte. Der 1926 gegründete »Bund für Reine Mensendieck-Gymnastik« (Sitz Berlin) sorgte für die notwendige praktische Verbreitung der Ideen, wonach vielfältige Bewegungsübungen eine gesundheits- und schönheitsfördernde Körperentwicklung ermöglichen.

Bolschewismus: Hier als Synonym für Kommunismus. Als Bol- 28.17

schewiken wurden die Mitglieder des von Wladimir Iljitsch Lenin (1870–1924) geführten revolutionären Flügels in der Sozialdemokratischen Arbeiterpartei Russlands bezeichnet, aus der sich dann die Kommunistische Partei der Sowjetunion entwickelte.

28.20 **Naturgesetze:** Den Begriff des »Gesetzes« lässt Horváth einige seiner Bühnenfiguren zitieren, vgl. etwa Sladek mit seinen Worten: »In der Natur wird gemordet, das ändert sich nicht. Das ist der Sinn des Lebens, das große Gesetz« (Bd. 2, S. 16).

29.3 **Schicksal:** Mit diesem Begriff verklären Horváths Figuren mitunter ihre wahren Handlungsmotive, vgl. z. B. *Italienische Nacht* (Bd. 3, S. 118), oder im Roman *Der ewige Spießer* den Hinweis auf »ewige Gesetze« (Bd. 12, S. 211).

29.23 **Seelenwanderung:** Nach buddhistischem Glaubensgesetz lebt die Seele des Menschen nach dessen Tod seinem Verhalten entsprechend entweder in einem Menschen, einem Tier oder in einer Pflanze weiter.

29.26 **buddhistische Religionsphilosophie:** Der im Nordosten Indiens gegründete Buddhismus basiert auf den Lehren von Siddharta Gautama (540/560–etwa 480 v. Chr.), bekannt als Buddha (»der Erleuchtete«). Vgl. auch Horváths Stücks *Zur schönen Aussicht* (Bd. 1, S. 201).

30.8 **Zu guter Letzt:** Für Oellers trägt Horváths Vorliebe für diesen Ausdruck sowie für das Wort »Kusch« (z. B. S. 103,14) »geradezu manische Züge« (S. 226 und die Belege, S. 372).

31.10 *Hochzeitsmarsch:* Gemeint ist die Musik zu Shakespeares Komödie *Ein Sommernachtstraum* op. 61 Nr. 9 von Felix Mendelssohn-Bartholdy (1809–1847).

31.18 **Heil!:** Mit dieser Grußformel – seit 1925 war »Heil Hitler« der offizielle Gruß der Nationalsozialisten – gibt Erich seinen politischen Standort deutlich zu erkennen.

31.19 **Neger:** Vgl. hierzu Horváths Roman *Jugend ohne Gott* (Bd. 13, S. 11), in dem er das Motiv der »Neger« benutzt, um die nationalsozialistische Gesinnung einiger seiner Figuren aufzuzeigen.

31.22–23 **Rassenproblem:** Erich spielt hier auf die nationalsozialistische Rassenpolitik an, die Adolf Hitler (1889–1945) in *Mein Kampf* (1925/26) so formulierte: »Der Mensch, der die Rassengesetze verkennt und mißachtet, bringt sich wirklich um das Glück, das ihm bestimmt erscheint. Er verhindert den Siegeszug der besten Rasse und damit auch die Vorbedingung zu allem menschlichen Fortschritt.« Dieser letztlich sozialdarwinistisch begründeten Rassenlehre lag einerseits ein expliziter Antisemitismus zugrunde und andererseits die Privilegierung der nordischen Rasse.

Jiu-Jitsu: In Japan entwickelte Technik der Selbstverteidigung ohne Waffen (wörtlich übersetzt »die sanfte Kunst«), bei der bestimmte Hebelgriffe angewendet und Schläge gegen empfindliche Körperstellen des Angreifers geführt werden.   33.15

demonstriert an ihr seine Griffe: Oskars Griff kann hier als ein »Vergreifen« gedeutet werden, d. h. als ein Fehlgriff im Sinne einer Fehlleistung. Nicht zufällig wählt Freud »Das Vergreifen« als Kapitelüberschrift in seiner Studie *Zur Psychologie des Alltagslebens* (Frankfurt/M. 1969, S. 150).   33.18

Der Mensch denkt und Gott lenkt.: Dieses bekannte Sprichwort geht zurück auf die Sprüche Salomons: »Des Menschen Herz erdenkt sich seinen Weg; aber der Herr allein lenkt seinen Schritt« (16,9).   34.23

Voyeur: (franz.) Heimlicher Zuschauer sexueller Aktivitäten anderer Personen.   35.10

Ohne Treu, ohne Glauben: Vgl. Jesaja 33,8: »Man hält nicht Treu und Glauben, man verwirft die Zeugen und achtet der Leute nicht.«   35.20

Trafikantinnen: Besitzerinnen einer Trafik, also eines Tabak- und Zeitschriftenladens. Vgl. zu deren Charakter den gleichnamigen Text im Programmheft der Uraufführung 1931 von Vincenz Chiavacci (Mat. V, S. 136 f.).   35.26

Der sterbende Schwan.: Anspielung auf den Tanz *Der sterbende Schwan* nach der Musik von Camille Saint-Saëns (1835–1921).   36.21

Herrliches Barock.: Erich spielt hier auf die dominante Architekturrichtung im Stadtbild Wiens an, denn die enorme Bautätigkeit während des Barocks – viele Adelshäuser, Palais, Gartenschlösser und Bürgerhäuser stammen aus der Zeit zwischen 1600 und 1750 – prägen das Stadtbild.   38.1

süßen Wiener Maderln: Der Begriff des »süßen Wiener Mädchens« geht auf Arthur Schnitzlers (1862–1931) Szene »Weihnachtseinkäufe« (1891) innerhalb des Einakterzyklus *Anatol* zurück.   38.2

40.32 **Ich laß mich verbrennen.**: Alfred drückt damit seine antikleri-
kale Haltung aus und betont zugleich ein zentrales Motiv des
Stückes: das Verhältnis des Menschen zum Tod.

42.3 **Küß die Hand!**: Eigentlich klassische Grußformel an Frauen
(vgl. z. B. S. 18,13), die hier aber ironisch zitiert wird. Deshalb
lässt Horváth ihn auch nicht auf Wienerisch mit einem »Jessas«
fluchen.

42.9–10 **Diese Verlobung darf nicht platzen**: Für Horváth stellen miss-
glückte Feste ein zentrales Motiv dar, das sich auch in den beiden
Volksstücken *Kasimir und Karoline* und *Italienische Nacht* findet.

42.16 **Badhur**: Anspielung auf die im Mittelalter zahlreichen Bade-
häuser, in denen die Bademägde mitunter als Prostituierte ar-
beiteten, wie es der Vers aus dem 15. Jh. schildert: »Der Bader
und sein Gesind, / Gern Huren und Buben sind!«

42.26 **bricht der Sklave seine Fessel**: Vgl. Friedrich Schillers (1759–
1805) Gedicht »Die Worte des Glaubens« (1797): »Vor dem
Sklaven, wenn er die Kette bricht, / Vor dem freien Menschen
erzittert nicht!«

44.20 **Casanova**: Nach dem ital. Abenteurer und Schriftsteller Giacomo Girolamo Casanova de Seingalt (1725–1798), der nach
den Beschreibungen seiner erotischen Abenteuer in den Memoiren *Histoire de ma vie* (1790 ff.) als Inbegriff des Verführers,
Frauenhelden und maßlosen Liebhabers gilt.

44.22 **Ladislaus**: Horváth als Ungar greift bei dieser Namenswahl auf
die lat. Form des populären ungar. Namens László zurück. Für
die Zuschauer ist diese Figur allerdings nur als Havlitschek interessant, denn unter diesem Namen stellt ihn Oskar (S. 17,3)
zunächst vor. Mittels dieser Diskrepanz von Name und Vorna-
me und ihrer notwendigen Ergänzung lässt sich im Stück die
»Dramaturgie des Unheimlichen« erkennen, insbesondere
durch den »Kunstgriff der Doppelgängerfigur«, wie sie Ingrid
Haag beschreibt: »Auf allen Ebenen der dramatischen Sprache
präsentiert sich Oskar als die exakte Umkehrung seines Gehilfen
Havlitschek. Mit seiner blutbefleckten Schürze, der Brutalität, ja
Bestialität, seiner Gestik und seiner Rede stellt dieser zur Schau,
was bei dem Fleischermeister ›ein Geheimnis, im Verborgenen‹
bleibt. Freud verbindet die Erscheinung des Doppelgängers aus-

drücklich mit der Dimension der Unheimlichkeit« (Mat. VIII, S. 78).

Frauenzimmer: Vgl. zu diesem »Diskurs der Männer« Hobek, S. 50 f. 45.2

Das Weib ist ein Rätsel: Dieses Zitat aus Friedrich Nietzsches(1844–1900) *Also sprach Zarathustra* (1883–1885) greift Horváth auf und verwendet es in dieser oder modifizierter Form in mehreren Werken; vgl. *Der ewige Spießer* (Bd. 12, S. 225) oder *Ein Kind unserer Zeit* (Bd. 14, S. 24). 46.17

Sphinx: Dieser Ausdruck für eine rätselhafte, undurchschaubare Person ist dem griech. Mythos entnommen, in dem die Sphinx (griech., vielleicht zu »sphíngein«, »(durch Zauber) festbinden«) ein Ungeheuer mit Frauenkopf und dem Leib eines geflügelten Löwen ist, das auf einem Berg in der Nähe von Theben hauste und jeden Vorübergehenden verschlang, der sein ihm aufgegebenes Rätsel nicht lösen konnte. Das Rätsel lautete: Es gibt auf der Erde ein Zweifüßiges, ein Vierfüßiges und ein Dreifüßiges, das als einziges Lebewesen seine Gestalt ändert; wenn es sich mit den meisten Füßen fortbewegt, ist seine Schnelligkeit am geringsten. Ödipus erriet, dass der Mensch gemeint sei, der als Kind auf Händen und Füßen kriecht, als Erwachsener auf zwei Beinen geht und als Greis den Stock zu Hilfe nimmt. Daraufhin stürzte sich die Sphinx in die Tiefe, und Theben war befreit. 46.18

im achtzehnten Bezirk: Der 18. Wiener Gemeindebezirk, Währing, gilt als eine vornehme Wohngegend. Vgl. zur Bedeutung dieses Bühnenbilds Elizabeth Gough (Mat. III, S. 109 f.). 46.25

webt das Schicksal Knoten: Horváth modifiziert hier die sprichwörtliche Redewendung »am Schicksalsfaden spinnen«, die auf die mythische Vorstellung zurückgeht, das Schicksal des Einzelnen werde von den drei Schicksalsgöttinnen (griech.: Moira, röm.: Parzen) insofern bestimmt, als diese den Lebensfaden spinnen, messen und schließlich abschneiden: Klotho bzw. Nona, die Spinnerin des Lebensfadens; Lachesis bzw. Decuma, die das Los zuteilt; Atropos, die »Unabwendbare«, bzw. Morta, die den Faden zerschneidet. 49.10

daß ich dich erhöh: Vgl. S. 43,25 und Alfreds bürgerlich-patriarchalische Vorstellung, wonach die Frau das »höhere sittliche Wesen« darstellt. 49.27

50.2 **im zweiten Bezirk**: Der 2. Wiener Gemeindebezirk, die Leopoldstadt, gilt eher als proletarischer Bezirk. Mit dem »Prater« ist er zugleich das Erholungs- und Vergnügungsviertel der Wiener Bevölkerung.

50.12–13 **Bis fünfzig**: Spielvariante beim Billard, wonach die Punkte je versenkter Kugel entscheiden.

50.18 **Cherchez la femme!**: Auf Alexandre Dumas' Père (1802–1870) Drama *Les Mohicans de Paris* (1854) zurückgehendes Motto für Männer auf der Suche nach der großen Liebe.

50.19 **Wenn die Lieb [. . .] Verstand im Hintern!**: Dt. Sprichwort nach der derben engl. Redewendung: »A stiff prick has no conscience.«

51.1 **Hörigkeit**: Begriff für eine Form sexueller Abhängigkeit, den Richard Freiherr von Krafft-Ebing (1840–1902) erstmals in seiner Studie *Psychopathia sexualis* (1886) detailliert beschrieb und Sigmund Freud (1856–1939) in seinem Aufsatz »Das Tabu der Virginität« (1918) modifizierte.

51.10 **ein Kind anzuschaffen**: Vgl. zu diesem Motiv der Vaterschaft in wirtschaftlichen Krisenzeiten auch den Roman *Jugend ohne Gott* sowie Horváths Stück *Figaro läßt sich scheiden*.

51.14 **wegmachen lassen**: Horváth greift hier das Thema Abtreibung auf, das in der Weimarer Republik als Kampf gegen den § 218 heftig diskutiert und in mehreren Dramen, Romanen und Bildern dargestellt wurde.

51.20 **Pech muß der Mensch haben**: Horváth verkehrt hier die bekannte Redewendung ins Gegenteil: »Glück muss der Mensch haben!«

52.32–33 **Auf Dornen und Brennesseln**: Vgl. 1. Mose 3,18: »Dornen und Disteln soll er [der Acker] dir tragen, und du sollst das Kraut auf dem Felde essen.«

52.33 **Hiob**: Das »Buch Hiob« im *Alten Testament* schildert die Geschichte vom wohlhabenden und frommen Hiob, der nach mehreren Prüfungen und geduldigem Leiden belohnt wird und alles Verlorene doppelt zurück erhält.

53.10 **Kampfe gegen die berufstätige Frau**: Anspielung auf die Enzyklika »Quadragesimo anno« (1931) von Papst Pius XI. (1922–1939), in der es hieß: »Familienmütter sollen in ihrer Häuslichkeit und dem, was dazu gehört, ihr hauptsächliches Arbeitsfeld finden in Erfüllung ihrer hausfraulichen Obliegenheiten.«

Der heilige Antonius.: Der Kirchenlehrer Antonius von Padua 54.9
(1195–1231) gilt u. a. als Schutzheiliger der Ehe und Helfer für
das Wiederfinden verlorener Gegenstände. Nach Erinnerungen
Gustl Schneider-Emhardts trug Horváth selbst den »Heiligen
Antonius an einer feinen goldenen Kette um den Hals. Ödön war
zwar kein Kirchgänger mehr, aber er suchte bei dem Heiligen
einen naiven Schutz und schämte sich nie seines ›Aberglaubens‹.
Wahrsager, Kartenleger und Sterndeuter faszinierten ihn unge-
mein« (*Horváth-Blätter* 1, Göttingen 1983, S. 66).

Spinett: Tasteninstrument des 16./17. Jh.s, bei dem die Saiten 54.28
spitzwinklig zur Klaviatur angeordnet sind, wobei zu jeder Taste
meist nur eine Saite gehört.

handlesen: Vgl. zum Motiv der Handlesekunst (Chiromantie) – 55.23
aus den Handlinien den Charakter eines Menschen und dessen
Zukunft zu bestimmen – auch Horváths Stücke *Sladek* sowie
Kasimir und Karoline.

Nach Frankreich.: Im Gegensatz zu den USA und den anderen 61.3
europ. Staaten waren die Jahre 1929/30 in Frankreich keineswegs Jahre einer wirtschaftlichen Krise, ganz im Gegenteil: Die
Wirtschaft boomte und zog Arbeitslose aus anderen Ländern an.

Referendar: Das Jurastudium wurde durch die Referendars- 62.25
prüfung (1. Staatsprüfung) abgeschlossen; nach Ernennung zum
Referendar erfolgte eine praktische Ausbildung mit der Asses-
sorprüfung (2. Staatsprüfung) am Ende.

Sarajevo: Die Ermordung des österr. Thronfolgers Franz Fer- 63.16
dinand (*1863) und seiner Frau Sophie (*1867) durch serbische
Nationalisten am 28.6.1914 in Sarajevo, der Hauptstadt Bosniens, gilt als auslösendes Ereignis für den Ersten Weltkrieg.

Bosnien-Herzegowina: Die beiden osman. Provinzen Bosnien 63.16
und Herzegowina, seit 1878 unter österr.-ungar. Verwaltung,
waren 1908 annektiert worden, was zu einer internationalen
Krise führte. Trotz deren Lösung 1909 blieb dieses Gebiet
Schauplatz für Aktivitäten serb. Nationalisten.

Hohenzollern: Nach der Stammburg Zollern bei Hechingen be- 64.7–8
nanntes dt. Fürstengeschlecht (1415–1918).

Habsburger: Nach der Stammburg Habichtsburg bei Brugg im 64.8
Kanton Aargau benannte europ. Königs- und Kaiserdynastie
(1273–1918).

64.8–9 **römisch-deutsche Kaiser**: Seit Friedrich III. (1415–1493) wurde das Deutsche Reich als Erbe des röm. Kaiserreichs angesehen und als das Heilige Römische Reich Deutscher Nation bezeichnet. Unter Friedrich III. errangen die Habsburger 1452 die dt. Kaiserwürde. Dessen Wahlspruch, den er auf allen seiner Bauten anbringen ließ, »A.E.I.O.U« (»Austriae est imperare orbi universo« = »Es ist Österreichs Bestimmung, die Welt zu beherrschen«), begründete den Machtanspruch der Habsburger.

65.31 **Wer unter euch ohne Sünden ist**: Vgl. Johannes 8,7: »Wer unter euch ohne Sünde ist, der werfe den ersten Stein auf sie.«

66.26 **stolz wie ein Spanier**: Vgl. Friedrich Schillers (1759–1805) *Don Carlos* (III,10) aus dem Jahr 1787.

66.27 **Hochmut kommt vor dem Fall.**: Vgl. Salomos »Buch der Sprüche« 16,18: »Wer zugrunde gehen soll, der wird zuvor stolz; und Hochmut kommt vor dem Fall.«

66.35–67.1 **Gottes Mühlen mahlen [. . .] aber furchtbar klein.**: Sprichwort und Anfangsvers des Sinngedichtes »Göttliche Rache« von Friedrich von Logau (1604–1655): »Gottes Mühlen mahlen langsam, mahlen aber trefflich klein.« Durch Horváths Änderung des »trefflich« in »furchtbar« wird einmal mehr Oskars »sadistischer« Charakter betont.

67.2–3 **wen Gott liebt, den prüft er**: Vgl. Salomos »Buch der Sprüche« 3,12 (»Denn wen der Herr liebt, den weist er zurecht, und hat doch Wohlgefallen an ihm wie ein Vater am Sohn«) sowie Hebräer 12,6 (»Denn wen der Herr lieb hat, den erzieht er mit Strenge, und wen er als Sohn annimmt, den schlägt er«).

67.13 **Stephansdom**: Bedeutendstes Bauwerk der Hoch- und Spätgotik Österreichs und eines der Wahrzeichen Wiens, mit dessen Bau 1137 begonnen und das 1147 dem heiligen Stephan geweiht wurde.

67.14–15 *Marianne beichtet.*: Für Ingrid Haag ist der Beichtstuhl mit dem Beichtritual eine »szenische Metapher der Dramaturgie der Fassade«, indem »der Repräsentant der gesellschaftlichen Instanz, der einzige übrigens, der im Stück auftritt, unsichtbar bleibt« (S. 24 f.).

67.23 **Fleischeslust**: Nach dem Brief des Apostel Paulus an die Galater »sind die Werke des Fleisches: Unzucht, Unlauterkeit, Ausschweifung« (5,19), und »die solches treiben, werden das Reich Gottes nicht erben« (5,21).

heilige Sakrament der Ehe: Nach der Lehre der kath. Kirche 67.25
vermehren die Sakramente (lat. sacramentum: »Treueid«) die
heiligmachende Gnade. Seit dem 12. Jh. gab es sieben Sakramente: Taufe und Firmung dienen der übernatürlichen Heili-
gung; Buße und Letzte Ölung zur Vergebung der Sünden; Ordo
oder Priesterweihe und Eheschließung dienen dem übernatürlichen Gemeinschaftsleben; die Eucharistie (Abendmahl) ist
schließlich der zentrale Kult der Kirchengemeinschaft.

Todsünde: Nach der Lehre der kath. Kirche charakterisieren 67.27
drei Merkmale die Todsünde, darunter auch das Zusammenle-
ben mit einem Partner, ohne das Sakrament der Ehe empfangen
zu haben: 1. Versündigung in einer wichtigen Angelegenheit, 2.
volle Erkenntnis der Sündhaftigkeit sowie 3. völlige Einwilli-
gung.

Du bereust es also: Mittels wahrer Reue und Buße konnte nach 68.21
der Lehre der kath. Kirche eine Todsünde nachgelassen werden.

was hast du mit mir vor, lieber Gott ?: Vgl. S. 105,32–33; vgl. 69.33–34
auch die textgleiche Passage in *Rund um den Kongreß* (Bd. 1, S.
251). Man mag diese Textpassage als jenen »realistisch zu brin-
genden« Monolog sehen, den Horváth in seiner »Gebrauchsanweisung« hervorhebt, »wo ganz plötzlich ein Mensch sichtbar
wird – wo er dasteht, ohne jene Lüge« (Bd. 11, S. 258).

Bürgerschul: In Österreich schloss sich an die vierklassige 69.35
Volksschule die vierklassige Bürgerschule an, die 1927 infolge
einer Schulreform durch die ebenfalls vierjährige Hauptschule
abgelöst wurde.

Heurigen: »Heuriger« ist eigentlich die Bezeichnung für Most 71.3
und jungen Wein der letzten Ernte bis zur neuen Lese. Der Begriff
bezeichnet auch Lokale, meist in den Weinorten rund um Wien,
in denen neuer Wein aus den Weinbergen des Besitzers ausge-
schenkt wird. Zurückgehend auf einen Erlass Kaiser Joseph II.
aus dem Jahre 1784 entwickelte sich der »Heurige« seither zu
einer typischen Institution und Attraktion Wiens.

Schrammelmusik: Volkstümliche Wiener Musik (zwei Geiger, 71.4
Gitarre und Ziehharmonika), benannt nach den Gebrüdern Johann (1850–1893) und Josef Schrammel (1852–1895), die besonders beim Heurigen gespielt wird.

Es wird ein Wein sein: Refrain des Liedes »'s wird schöne Ma- 71.16
derln geb'n« (1914) von Ludwig Gruber (1874–1964).

71.22 **Drum gehn wir gern nach Nußdorf naus**: Nußdorf gilt neben Grinzing, Sievering und Neustift als berühmtester Heurigenort Wiens. Horváth zitiert hier auch das Marschcouplet »Wir gengan heut' nach Nußdorf h'naus« des Wiener Volkssängers Carl Lorens (1851–1909).

72.2 *Radetzkymarsch*: Nach dem populären österr. Feldmarschall Joseph Radetzky (Graf Radetzky von Radetz; 1766–1858) benannter Marsch von Johann Strauß (Vater; 1804–1849).

72.12 **Heut kann mich**: Vgl. das berühmte Zitat »Er aber, sag's ihm, er kann mich im Arsch lecken« (III, 17) aus Johann Wolfgang Goethes (1749–1832) *Götz von Berlichingen mit der eisernen Hand* (1773).

72.34–36 **Ach, ich hab [. . .] Fächer ins Gesicht** –: Zitat aus Carl Millöckers (1842–1899) Operette *Der Bettelstudent* (1882) mit den Texten von F. Zell (d. i. Camillo Welzel, 1829–1895) und Richard Genée (1824–1895).

74.2 **Hofburg**: Seit dem 13. Jh. Residenz der österr. Kaiser in Wiens Innenstadt und eine der bedeutendsten Wiener Touristenattraktionen.

76.5 **Mariazell**: Im Bundesland Steiermark gelegener, ältester Wallfahrtsort Österreichs (seit 1363).

76.7 **Mein Muatterl war a Wienerin**: Refrain eines Wiener Liedes (1908) von Ludwig Gruber (1874–1964).

76.13 **Wien, Wien, nur du allein**: Refrain des Liedes »Wien, du Stadt meiner Träume« (1914) von Rudolf Sieczyński (1879–1952).

76.35 **Mir ist mei Alte gstorbn**: Volkslied von Carl Lorens (1851–1909).

77.21 **Moulin-bleu**: Ironische Anspielung auf das bekannte Pariser Nachtlokal »Moulin Rouge«.

77.24 **Maxim**: Legendäres Nachtlokal in Wien, bekannt auch durch Franz Lehárs (1870–1948) populäres Lied »Da geh' ich ins Maxim« aus seiner Operette *Die lustige Witwe* (1905).

77.35 **Vindobona, du herrliche Stadt**: Walzerlied von Carl Schmitter (1849–1897) mit der Musik Josef Schrammels.

78.8 **Die Mizzi und der Jean**: (österr.) Maria und Johann; populäres Wiener Lied.

78.16 **Jetzt trink ma noch a Flascherl Wein**: Bekanntes Wiener Lied von Carl Lorens (1851–1909).

Separées: (franz.) Kurzform für chambre séparée, kleiner Ne- 78.26
benraum in Restaurants oder Nachtlokalen für intime Zusam-
menkünfte.

Was du ererbt [. . .] es zu besitzen!: Vgl. Fausts zweiten großen 79.5–6
Monolog (V. 682 ff.) in Goethes Drama *Faust. Der Tragödie
Erster Teil* (1808).

»Wiener Blut«: Walzer (1873) von Johann Strauß (Sohn, 1825– 79.11
1899).

Hoch- und Deutschmeistermarsch: Eigentlich »Deutschmeis- 79.15–16
ter-Regiments-Marsch« von Dominik Ertl (1857–1911).

Menschen mit der Tierwelt: Anspielung auf die Abstammungs- 79.19
lehre des franz. Naturforschers Jean Baptiste Antoine Pierre de
Monet de Lamarck (1744–1829), nach der sich alle Lebewesen
aus einer gemeinsamen Urform herausgebildet haben, wobei
neue Arten auf Grund einer durch Anpassung bewirkten Verän-
derung erblicher Merkmale entstehen.

Saturn als Planeten: In der Astrologie wird den Planeten Ein- 81.11
fluss auf das Geschehen auf der Erde und damit letztlich auch
auf das menschliche Verhalten zugesprochen. So steht der Saturn
gemeinhin für »Großes Unglück«, ganz im Gegensatz zum Ju-
piter, der auf »Großes Glück« hinweist, während Mars »Kleines
Unglück« und Venus »Kleines Glück« bedeuten. Der Glaube an
Astrologie, Spiritismus und Esoterik ist in Horváths Stücken
und Romanen charakteristisch für seine kleinbürgerlichen Figuren, vgl. Hobek, S. 75 ff.

lebendigen Aktplastiken: Auf die klassische Tradition der »Ta- 81.19
bleaux vivants« zurückgehend, in denen Personen in lebenden
Bildern Szenen präsentieren, wurde dieses Genre besonders in
Varietés populär, da die Nachstellung klassischer Gemälde den
Auftritt nackter Frauen unter dem Vorwand der künstlerischen
Darbietung ermöglichte.

Zeppelin: Nach dem Konstrukteur Ferdinand Graf von Zep- 81.33
pelin (1838–1917) benanntes Luftschiff, das seit dem Start des
LZ 1 am 2.7.1900 als »Stolz der Deutschen« galt und im Ersten
Weltkrieg zahlreiche Einsätze flog. Vgl. Horváths Darstellung
des ersten Transportmittels in der Geschichte der Personenluft-
fahrt im Stück *Kasimir und Karoline* (Bd. 5, S. 70, S. 96 f.).

»Fridericus rex«: Soldatenlied von Willibald Alexis (1798– 82.1

1871) aus dessen Roman *Cabanis* (1832). Karl Löwe (1796–1869) vertonte es 1837, und Ferdinand Radeck (1828–1903) machte es schließlich zur Grundlage seines Grenadiermarsches »Fridericus Rex«, dem preußischen Armeemarsch Nr. 198.

82.6 **erste Strophe des Deutschlandliedes:** Durch des Reichspräsidenten Friedrich Ebert (1871–1925) Erklärung vom 11.8.1922 wurde das »Deutschlandlied« (1841) von Heinrich Hoffmann von Fallersleben (1798–1874) mit einer Melodie von Franz Joseph Haydn (1732–1809) zur dt. Nationalhymne erhoben.

82.10–11 **»Die Jagd nach dem Glück.«:** Dieser Titel umschreibt nicht nur das angekündigte »dritte Bild«, sondern kann auch als Metapher für das Verhalten aller Figuren im Stück gelten. Nicht zuletzt schrieb Horváth direkt nach der Uraufführung der *Geschichten aus dem Wiener Wald* an einer Revue »Magazin des Glücks« (vgl. GW 1970, Bd. IV, S. 39 ff.), die aber nicht realisiert werden konnte und nur als Exposé vorliegt (ebd., S. 604 ff.).

82.14 **»Träumerei« von Schumann:** Teil von Robert Schumanns (1810–1856) »Kinderscenen« op. 15, Nr. 7 (1838).

84.11 **steinernes Herz:** Mit diesem Sinnbild der seelischen Verhärtung spielt Horváth womöglich auf die Erzählung »Das steinerne Herz« (1817) von E. T. A. Hoffmann (1776–1822) an.

84.16 **Sie sind kein Mensch!:** Mit der abstrakten Kategorie des »Menschseins« lässt Horváth mehrere Figuren argumentieren, um damit eine beliebte Phrase auszustellen; vgl. z. B. Sladek am Schluss des gleichnamigen Stückes: »Ich bitte mich als Menschen zu betrachten und nicht als Zeit« (Bd. 2, S. 141).

86.3 **zwei Schilling:** Die Gehaltsangabe ist für die nachfolgende Szene und die entsprechenden Summen wichtig; vgl. auch S. 13,25; 56,15–16.

86.19 **der Zug:** Horváth spielt hier mit der Mehrdeutigkeit des Wortes, denn ein »Zug« beendet im Verlauf des Stückes nicht Mariannes Leben, sondern jenes ihres Sohnes Leopold.

90.4 **Doppeladlermarsch:** »Unter dem Doppeladler« von J. F. Wagner (1856–1908). Seit 1806 war der Doppeladler Wahrzeichen des österr. Kaisertums.

90.11 **Gott gibt und Gott nimmt.:** Vgl. Hiob 1,21: »Der Herr hat's gegeben, der Herr hat's genommen; der Name des Herrn sei gelobt.«

Sphärenmusik: Nach der Lehre des griech. Philosophen Pytha- 92.1
goras (570–497 v. Chr.) eine Art kosmischer Musik, die für den
Menschen nicht hörbar ist und deren Töne durch die Bewegung
der Planeten entstehen.

Ende gut, alles gut!: Gleichnamiger Titel einer Komödie (1602) 92.31
von William Shakespeare (1564–1616).

Soll und Haben: Der gleichnamige Roman (1855) von Gustav 93.21
Freytag (1816–1895) kann als klassisches Lehrbuch zur Lösung
nationaler und sozialer Probleme für das Bürgertum gelten.

Der Mann ist [. . .] der scheinbar passive: Vgl. die fast gleich- 94.20–21
lautende Textpassage in Horváths Roman *Der ewige Spießer*
(Bd. 12, S. 254).

Tschechen: Aktuelle Anspielung Horváths auf den tschech. 95.22
Einspruch (21.3.1931) gegen die Unterzeichnung des dt.-österr.
Zollunionvertrags, da dieser gegen das Genfer Protokoll vom
4.10.1922 verstieß.

Krieg ist ein Naturgesetz!: Vgl. hierzu Horváths Roman *Ein* 95.28–29
Kind unserer Zeit (Bd. 14, S. 18), in dem er ebenfalls die sozi-
aldarwinistische Theorie von der Auslese der Stärksten und der
Rechtfertigung sozialer Unterschiede zitiert, um den politischen
Standort seiner Figuren genauer zu charakterisieren. Dabei kann
als charakteristisch für »kleinbürgerliches Denken« gelten, dass
ihm aus Angst vor der Geschichte alles zur »Natur« wird.

Konkurrenz im geschäftlichen Leben!: Vgl. hierzu *Das Kapital* 95.29–30
von Karl Marx (1818–1883), dessen erster Band 1867 erschien.
Darin beschreibt Marx den »gesellschaftlichen Mechanismus«,
dem auch der einzelne Kapitalist unterliegt. Entscheidend dafür
ist der »Akkumulationsprozeß des Kapitals«, und für diesen gilt:
»Außerdem macht die Entwicklung der kapitalistischen Produktion eine fortwährende Steigerung des in einem industriellen
Unternehmen angelegten Kapitals zur Notwendigkeit, und die
Konkurrenz herrscht jedem individuellen Kapitalisten die immanenten Gesetze der kapitalistischen Produktionsweise als äu-
ßere Zwangsgesetze auf. Sie zwingt ihn, sein Kapital fortwäh-
rend auszudehnen, um es zu erhalten, und ausdehnen kann er es
nur vermittelst progressiver Akkumulation« (MEW, Bd. 23, S.
618).

Gang nach Canossa: Als erniedrigend empfundener Bittgang. 97.24

Die Redewendung geht auf den Bußgang Kaiser Heinrichs IV. (1050–1106) nach Canossa, einer Felsenburg in Oberitalien südwestl. von Reggio nell'Emilia, im Jahre 1077 zurück, wodurch Papst Gregor VII. (~1020–1085) ihn von seinem ein Jahr zuvor ausgesprochenen Bann lossprach.

99.21 **Sieg und Platz**: Wettarten im Pferderennsport, die auf Gewinner und auf Plätze der Pferde setzt.

100.29 **Nur wer sich [. . .] mit mir verwandt.**: Zitat aus Friedrich Nietzsches Band *Jenseits von Gut und Böse. Vorspiel einer Philosophie der Zukunft* (1886).

100.31–34 **Denn so lang [. . .] der dunklen Erde!**: Zitat aus Johann Wolfgang Goethes Gedicht «Selige Sehnsucht« aus dem Zyklus *West-östlicher Divan* (1819/1827). Horváth wählte den Vierzeiler auch als Motto für den ersten Teil seines Romans *Der ewige Spießer* (1930).

101.2 **Sprüch oder nicht Sprüch!**: Ironische Anspielung auf Shakespeares *Hamlet* und dessen Monolog (III,1) »Sein oder Nichtsein, das ist hier die Frage.«

105.20 **Kondolation**: Mittels dieser falschen Nomenbildung – anstelle des richtigen Ausdrucks »Kondolenz« (»kondolieren«: »sein Beileid aussprechen«) – markiert Horváth den spezifischen Jargon seiner Bühnenfiguren.

105.29–30 **so ohne Kinder [. . .] und stirbt aus.**: Vgl. die ähnliche Argumentation in Horváths Roman *Der ewige Spießer* (Bd. 12, S. 265).

106.8 **Sadist**: Person, die mit Lust anderen Schmerzen zufügt. Der Begriff geht auf Richard Freiherr von Krafft-Ebing (1840–1902) zurück, der ihn in seinem Werk *Neue Forschungen auf dem Gebiete der Psychopathia sexualis* (²1891) zur Beschreibung der sexuellen Aktivitäten des Marquis de Sade (1740–1814) prägte.

106.12 **Gott ist die Liebe**: Vgl. 1. Johannesbrief 4,16: »Gott ist Liebe; und wer in der Liebe bleibt, der bleibt in Gott und Gott in ihm.«

106.24 **du wirst meiner Liebe nicht entgehn**: Konnte Horváths Gebrauch der grammatischen Form des Futurs in diesem Satz am Ende der ersten Teils (S. 43,6–7) noch als Vermutung verstanden werden, so ist daraus nun eine Tatsache geworden. Und diese kennzeichnet nicht allein den Augenblick, sondern wird auch sicher für die Zukunft gelten.